Das Krisenjahrzehnt 2014 – 2024

von

Winfried Böttcher

Inhaltsverzeichnis

Warum dieses Buch?

Seit im Jahr 2008 der Zusammenbruch der US-amerikanischen Investmentbank Lehman Brothers eine weltweite Finanzkrise auslöste, befindet sich die Welt in einer Dauerkrise mit einer neuen Realität.

Die wichtigsten Krisen seit dieser Zeit habe ich in meinem Buch von 2021 »Europa 2020 - Von der Krise zur Utopie« vorgestellt:
Die Flüchtlingskrise,
Der Ukraine-Konflikt,
Der Brexit,
Das Virus des Nationalismus,
Die Natur als Politikum - Umwelt und Klimakrise,
Die Coronakrise - Eine Zeitenwende

Diese krisengeschüttelte Zeit seit der völkerrechtswidrigen Annektion der Krim 2014 fühlt sich für mich wie Vorkriegszeit an.

Was veranlasst mich, die neben den Buchveröffentlichungen während des Krisenjahrzehnts 2014 – 2024 verstreuten Texte nochmal in Buchform zusammenzufassen?

Diese Texte sind mir besonders wichtig, weil sie meine Auseinandersetzung mit zentralen politischenThemen verdichtend abbilden. Vielleicht haben sie das entscheidende Krisenjahrzehnt seit Ende des Zweiten Weltkrieges geprägt.

Seit den vergangenen fast 80 Jahren haben wir neben der Kubakrise 1962 und dem Zusammenbruch der Sowjetunion 1990 keine Zeit erlebt wie die letzten zehn Jahre. Diese zehn Jahre haben sich in ihren krisenhaften Auswirkungen so verdichtet, dass man den Eindruck bekommt, wir befänden uns in einer Dauerkrise.

Das wichtigste Argument, diese Texte vorzulegen, ist jedoch, dass die Anmerkungen in den Texten nach wie vor an Aktualität nichts eingebüßt haben. Keine der angeführten Krisen konnte bewältigt werden. Vielmehr scheint sich nach dem Überfall Russlands auf die Ukraine, dem Bruch des Völkerrechts, die Krise zuzuspitzen.

Zusätzlich deutet die Wiederwahl eines paranoiden Anti-Demokraten zum Präsidenten der USA darauf hin, dass wir es mit einer schwelenden Fundamentalkrise der Demokratie zu tun haben. Einer Auseinandersetzung damit, ob das seit Jahrhunderten entstandene Model einer Demokratie, in der die menschliche Würde die Zentralinstanz der Politik ist, eine Überlebenschance hat.

Die vorliegenden Texte sind als Gastbeiträge in drei Tageszeitungen erschienen. *»Kölner Stadanzeiger« – Trierischer Volksfreund« –»Aachener Zeitung«.* Sie haben in etwa alle einen ähnlichen Umfang.

Die zweiten ausgewählten Texte unterschiedlichen Umfangs wurden auf einer Online-Plattform des allzu früh verstorbenen Axel Jürgens veröffentlicht. Er gründete Ende der 1990-er Jahre »eyes of europe« mit dem Portal »elcor international«. Teilweise sind diese Texte auch in russischer Sprache veröffentlicht.

Eine Retroperspektive nach 80 Jahren

Zwanzig fünf und zwanzig sind 80 Jahre vergangen, seit der Zweite Weltkrieg endete und Deutschland vom Nationalsozialismus befreit wurde.

Aus den Kriegsalliierten wurden erbitterte Feinde, die versuchten, ihre politischen Systemvorstellungen – dort der Kommunismus, hier der Kapitalismus – weltweit zu exportieren.

Die vergangenen achtzig Jahre waren mehr oder weniger acht Krisenjahrzehnte.

Die beiden ersten Krisenjahrzehnte waren geprägt durch eine hochgerüstete Konfrontation zwischen Ost und West im »Kalten Krieg«.

Bis zur Kuba-Krise 1962 war die internationale Ordnung polarisiert in einem Freund-Feind-Denken zwischen den USA und der UdSSR. Dieses Denken führte die Welt an den Rand eines atomaren Abgrunds.

Aber sowohl Nikita Chruschtschow (1894–1971) als auch John F. Kennedy (1917–1963) hatten durch die Dramatik der Kuba-Krise gelernt, dass ein erfolgreiches Krisenmanagement folgende Grundsätze zu berücksichtigen hat:

1. Die höchstinstanzliche Kontrolle über militärische Optionen muß erhalten bleiben.
2. Die Dynamik militärischer Aktionen muß durch Atempausen gebremst werden.
3. Diplomatische und militärische Schritte müssen koordiniert werden.
4. Ein etwaiges militärisches Vorgehen sollte sich auf solche Schritte beschränkten, die der Gegenseite unmissverständlich die eigene Entschlossenheit signalisieren und den eigenen Zielen angemessen sind.
5. Zu vermeiden sind militärische Schritte, die der Gegenseite den Eindruck vermitteln, man plane einen »rich-

tigen« Krieg, und sie daher zu einem Präventivschlag provozieren können.

6. Es sollten diplomatisch militärische Optionen gewählt werden, die der anderen Seite signalisieren, dass man Verhandlungen einer militärischen Lösung vorzieht.

7. Es sollten diplomatisch.militärische Optionen gewählt werden, die der anderen Seite einen Weg aus der Krise offen lassen, der mit ihren fundamentalen Interessen vereinbar ist.

8. Diese Wandlung in der Wahrnehmung des jeweils anderen verändert auch das Selbstbildnis. Zudem eröffnet es den jeweiligen Verbündeten Spielräume für eigene Politikgestaltung. *(Craig/George, 229.f.)*

Die Kuba-Krise war aus der Perspektive Kennedys ein Wendepunkt im politischen Denken der USA, vom rein konfrontativen Freund-Feind-Denken hin zu einer Wahrnehmung des Gegners in Differenzen.

In einer nachdenklichen Rede am 1. Juli 1963 vor Studierenden der American University in Washington brachte Kennedy dies auf den Punkt:

Er mahnte seine Zuhörer, sich nicht nur ein verzerrtes Bild von der anderen Seite zu machen, Konflikte nicht als unvermeidlich, eine Verständigung nicht als unmöglich und einen Dialog als bloßen Austausch von Drohungen anzusehen. Weiter erklärte er:»Keine Regierung und kein Gesellschaftssystem sind so schlecht, daß man den unter ihnen lebenden Menschen jede Tugend absprechen muß.« *(zit. ibid.,S. 145f.)*

Etwas mehr als ein Jahrzehnt später kam es in den vergangenen 80 Jahren zur größten Chance, die Konfrontation zwischen Ost und West endgültig in einer gemeinsamen neuen Ordnung zu überwinden.

Die Unterzeichnung der Schlussakte von Helsinki vom 1. August 1975 signalisierte einen Aufbruch in eine neue Zeit. In der Präambel versicherten sich die 35 Staats- und Regierungschefs der »Solidarität zwischen den Völkern«, erinnerten an die »gemeinsame Geschichte«, wiesen auf die Notwendigkeit hin, das Misstrauen zu überwinden, die »Vergrößerung des Vertrauens« zu stärken und betonten die »Erkenntnis der Unteilbarkeit der Sicherheit Europas«.

Nach dem Zerfall der Sowjetunion schien sich der Gedanke eines Ost-West-Ausgleichs durch einen gemeinsamen Neuaufbau des euro-atlantischen Raumes zu verfestigen. So hieß es in der »Charta von Paris für ein neues Europa« vom 21. November 1990, verabschiedet von den Staats- und Regierungschefs der KSZE:

»Das Zeitalter der Konfrontation und der Teilung Europas ist zu Ende gegangen. Wir erklären, daß sich unsere Beziehungen künftig auf Achtung und Zusammenarbeit gründen werden. Europa befreit sich vom Erbe der Vergangenheit.

...

Wir verpflichten uns, die Demokratie als einzige Regierungsform unserer Nationen aufzubauen, zu festigen und zu stärken«.

Zwar unterschrieb Michail Gorbatschow (1931–2022) das Pariser Dokument kurz nach der deutschen Einheit, unterschrieb aber auch, das die »Sicherheit unteilbar« sei und kein Land die eigene Sicherheit auf Kosten eines anderen verbessern dürfe.

Besonders zwei weitere Treffen der Staats und Regierungschefs schienen diesen Gedanken zu vertiefen, der Sicherheitsgipfel vom 5./6. Dezember in Budapest und und die NATO-Russland-Akte vom 27. März 1997.

Liest man heute diese hier ausgewählten vereinbarten Dokumente zwischen Ost und West im Lichte des Krieges in der Ukraine, so hat man den Eindruck, sie stammten aus einer anderen Welt. Nie waren wir einem dauerhaften Frieden in Europa näher als am Ausgang des 20. Jahrhunderts. Hoffnung gab es zunächst auch nach der ersten Wahl Wladimir Putins zum russischen Präsidenten. Am 25. September 2001 hielt er unter großem Beifall der Abgeordneten eine beachtenswerte Rede im Deutschen Bundestag. Im Mittelpunkt stehen die deutsch-russischen Beziehungen, die zukünftige Rolle Russlands in einem vereinigten Europa und die internationale Sicherheit.

Das Hauptziel Russlands als ein »freundlich gesinntes europäisches Land – sei ein stabiler Friede auf dem Kontinent«. Noch sei dieser nicht erreicht, weil die Konfrontation der Systeme nach wie vor in »alten Wertsystemen« gefangen sei.

Zwar spreche man von Partnerschaft, aber einander zu vertrauen habe man nach wie vor nicht gelernt.

Wir brauchen eine neue Entwicklung, um »eine moderne, dauerhafte und standfeste internationale Sicherheitsstruktur [zu] schaffen«. Eine solch Entwicklung wird jedoch nur in einem Klima des Vertrauens gelingen.

In dieser Rede kommt die tiefe Überzeugung des russischen Präsidenten zum Ausdruck, dass Europa einen neuen Aufbruch gemeinsam mit einem demokratischen Russland erleben kann.

Geprägt muss dieser Aufbruch von gegenseitigem Vertrauen sein, ein Aufbruch der Kooperation anstatt bisheriger Konfrontation, ein Aufbruch mit einer neuen gesamteuropäischen Sicherheitsstruktur.

Wladimir Putin vermittelte damals den Eindruck, gemeinsam mit dem Westen, insbesondere mit Deutschland in eine neue Zeit aufzubrechen.

Er formulierte apodiktisch: »Der Kalte Krieg ist vorbei«.

Keine sechs Jahre vergingen, als eine neue Zeit, nicht der Kooperation, sondern zunehmender Konfrontation, sich abzeichnete, die 2022 zum Krieg in der Ukraine führte.

Die Rede auf der Münchener Sicherheitskonferenz im Februar 2007 zeigte nach meiner Einschätzung deutlich, dass Putin jegliches Vertrauen in den Westen verloren hatte. Russland fühlte sich durch die zweite NATO-Osterweiterung, 2004 mit Bulgarien, Estland, Lettland, Litauen Rumänien, Slowakei und Slowenien, ernsthaft bedroht. Der Westen reagierte mehr oder weniger arrogant, anstatt das Bedrohungsgefühl Russlands ernst zu nehmen.

Schon 1997 warnte einer der besten westlichen Russland Kenner, George Kennan (1904–2005), vor einem »strategische Fehler, möglicherweise epischen Ausmaßes«, wenn die NATO sich bis an die Grenzen Russlands ausdehne *(vgl. Talbott, 2002, 220).*

An anderer Stelle bezeichnete er die Osterweiterung der NATO als einen verhängnisvollen politischen Irrtum historischen Ausmaßes ... einen »verhängnisvollen Fehler amerikanischer Politik in der Ära nach dem Kalten Krieg, weil die Entscheidung erwarten ließe, dass die nationalistischen, antiwestlichen und militaristischen Tendenzen in der Meinung Russlands entzünden werden, dass sie einen schädlichen Einfluss auf die Entwicklung der Demokratie in Russland haben, das sie die Atmosphäre des Kalten Krieges in den Beziehungen zwischen Osten und Westen wieder herstellen und die russische Außenpolitik in Richtungen zwingen, die uns entschieden missfallen werde« *(zit.n. Weimar/ Crosette, in: New York Times, 18. März 2005)*

Was wäre uns erspart geblieben, hätten die politischen Entscheider solch kluge Mahnungen ernst genommen.

Im NATO-Russland-Rat 2008 wies Putin erneut auf die direkte »Bedrohung« seines Landes durch den

NATO-Block an den russischen Grenzen hin. Zwar verhinderte Deutschland und Frankreich durch ihr Veto die Aufnahme Georgiens und der Ukraine in die NATO, dies hielt jedoch Russland nicht kurze Zeit später davon ab, Georgien zu überfallen und Südossetien und Abchasien abzuspalten und unter russischen Schutz zu stellen.

Als die Ukraine ihre in der Verfassung festgelegte immerwährende Neutralität aufhob und die Aufnahme in die NATO beantragte, war das Verhängnis nicht mehr aufzuhalten. Die völkerrechtswidrige Annektion der Krim 2014 und der vier ost-ukrainischen sogenannten Volksrepubliken deutete die Richtung an, in die Putin gehen wollte.

Beiträge in Tageszeitungen

Kölner Stadt Anzeiger

Europafähigkeit und Weltoffenheit

Ungarn – eine Diktatur mitten in Europa

Die Denkblockade durchbrechen

Mehr war nicht drin [Flüchtlingskrise]

Freiheit unter Druck

Wer Frieden will, bereite Frieden vor

Irrglaube an der Abschreckung

Hypothek einer Staatsräson

Schlag nach bei Shakespeare

Europafähigkeit und Weltoffenheit statt »deutscher Leitkultur«

Die »neue Leitkultur« des Thomas de Maizière *(vgl. Bild am Sonntag v. 30.4.2017)* zeigt aus mehreren Gründen in die falsche Richtung:

1. Sie ist »Wasser auf die Mühlen« der Rechtspopulisten, die sich in ihrem Rückzug auf das Nationale bestätigt fühlen.
2. Sie schadet den deutschen Interessen, da das noch immer latent vorhandene Misstrauen gegenüber Deutschland gestärkt wird.
3. Sie verstellt den Blick auf die Notwendigkeit, mit unseren europäischen Nachbarn gemeinsam eine europäische Identität zu finden, ohne die Europa nicht gebaut werden kann. Anstatt eine »deutsche Leitkultur« zu fordern, sollten wir Europafähigkeit und Weltoffenheit ins Zentrum unseres Denkens stellen. Ein solches Denken kann das Bewusstsein für ein dringend notwendiges Mehr an Europa in verstörenden Zeiten fördern.

Wie sehr wir europäisch, wie wenig national wir sind, hat der große spanische Philosoph Ortega y Gasset 1930 in seinem Buch »Der Aufstand der Massen« so ausgedrückt:

»Machten wir Bilanz unseres geistigen Besitzes – Theorien, Normen, Wünsche und Vermutungen –, so würde sich herausstellen, dass das meiste davon nicht unserem jeweiligen Vaterland, sondern dem gemeinsamen europäischen Fundus entstammt. In uns allen überwiegt der Europäer bei weitem den Deutschen, Spanier, Franzosen ... Wenn wir uns versuchsweise vorstellen, wir sollten lediglich mit dem leben, was wir als ›Nationale‹ sind ..., werden wir bestürzt sein, wie unmöglich eine solche Existenz schon ist; vier Fünftel unserer inneren Habe sind europäisches Gemeingut«.

Nur vier von vielen zentralen Elementen unseres »gemeinsame europäischen Fundus« als Teil der europäischen Kultur wollen wir hier in gebotener Kürze nachgehen. Hierbei ist Kultur der Ausdruck für alle Wirkungszusammenhänge, die uns zu dem werden ließen, was wir heute sind. Ohne eine ständige Besinnung darauf, was sollen wir tun, wie wollen wir in Zukunft leben, woher kommen wir, können wir nicht wissen, wohin wir gehen.

Solche Fragen können wir nur dann beantworten, wenn wir uns immer wieder einiger, gemeinsamer europäischen Grundwerte besinnen.

Zunächst verweisen wir auf die Würde und Freiheit des Individuums. In Europa – spätesten seit der Virginia Act von 1776 und der Französischen Revolution von 1789 – wurde dieses Prinzip personaler Freiheit zum Bindungsprinzip des Staates entwickelt. Hierbei erwächst konkrete Freiheit aus der Kommunikation mit dem Mitmenschen. Freiheit ist immer die »Freiheit des anders Denkenden«, wie Rosa Luxemburg so treffend Formulierte.

Als zweites wichtiges Element des »gemeinsamen europäischen Fundus« nennen wir die Rechtsstaatlichkeit, die notwendige Ergänzung und Garantie der Freiheit in Würde des Menschen. Der Rechtsbindung des Staates an die Verfassung und, hieraus abgeleitet, dem Gesetzesrecht liegt – systematisch gedacht – das sittliche Postulat der Gerechtigkeit zugrunde, wie sie es beinhalten und stützen sollen.

Als drittes, übergreifendes Element, das in unmittelbarem Zusammenhang mit der Würde der Person und der Rechtsstaatlichkeit steht, ist die soziale Verantwortung gegenüber den Schwächeren in unseren Gesellschaften zu nennen. Zwar hat das Sozialstaatsprinzip Verfassungsrang, aber zunächst orientiert es sich nicht auf einer Skala europäischer Grundwerte an staatlichem Handeln, sondern vielmehr an der konkreten Bereitschaft zur mitmenschlichen Hilfe im Alltag, wann immer Menschen in Not geraten. Als letztes der ausgewählten typisch europäischen Wesensmerkmale soll hier noch die seit der frühen griechischen Philosophie immer neu gestellten Frage nach Wahrheit angeführt werden. Die ständige Überprüfung wissenschaftlicher Erkenntnisse, die Suche nach immer neuen Methoden, um dem Anspruch auf Wahrheit besser zu entsprechen, wird den »Alternativen Fakten« immer überlegen bleiben.

So sehr die Geschichte europäische Identität prägt, so bleibt sie museal, wenn nicht ein verantwortungsbewusster Umgang mit der Gegenwart hinzukommt. Der Umgang mit der Gegenwart wird geprägt durch eine Kultur, die in ihrem weitesten Sinne »die Gesamtheit der einzigartigen geistigen, materiellen, intellektuellen und emotionalen Aspekte« einer Gemeinschaft kennzeichnet. Eine solche Definition schließt nicht nur »Kunst und Literatur ein sondern auch Lebensformen, die Grundrechte der Menschen, Wertesysteme, Traditionen und Glaubensrichtungen« (UNESCO-Erklärung von Mexiko 1982).

Ein solch moderner Kulturbegriff widerspricht inhaltlich wie logisch, emotional vielleicht, einem Begriff wie »Leitkultur«. »Leitkultur« behindert den »Umgang mit Differenzen« als einer »Kultur der Moderne«.

National, europaweit, ja weltweit haben wir es mit sich ähnelnden Problemen zu tun. Die Politisierung kultureller, dazu noch nationaler Unterschiede führt in immer schärfere Radikalisierung und Fundamentalisierung. Wir besinnen uns zu wenig auf das Gemeinsame, die Europafähigkeit, und zu Ende gedacht auf die Weltoffenheit.

Europafähigkeit bedeutet, Europa zu verstehen. Verstehen heißt aber, den Nachbarn in seinen Eigenarten zu begreifen, ihn in seinen Sonderungen zu akzeptieren, sein Anderssein als gleichwertig mit dem Eigensein anzunehmen.

Die Forderung – mit einer Leitkultur unvereinbar – muss also sein, Andersartiges, Fremdes – in einer globalisierten Welt sind wir alle Fremde –, Uneindeutiges, Widerständiges, scheinbar Unvereinbares als Bereicherung für die eigene Identitätsbildung und nicht als Bedrohung verstehen zu lernen.

Europa, genauso wie Deutschland als dessen integraler Bestandteil, ist immer dann bei sich selbst, wenn es aufgeschlossen und neugierig ist, die Spannung der Gegensätze kreativ und produktiv gestaltet. Durch zuwandernde Menschen mit fremden Kulturen wird Europa in seiner unberechenbaren Schaffenskraft nur gestärkt.

[Mai 2017]

Ungarn –
Eine Diktatur mitten in Europa

Als am 25. April 2010 Viktor Orbán mit seiner Partei Fidesz (Bund junger Demokraten) in Koalition mit der KDNP (Christdemokratische Volkspartei) eine Mehrheit mit Zweidrittel der Parlamentssitze gewann, begann eines der dunkelsten Kapitel der jüngeren EU-Geschichte.

Bei der Siegesfeier verkündete er seinen Anhängern: »Eine Ordnung kann man nicht verändern, man kann sie nur umstürzen und eine neue errichten.« Dieses Alarmzeichen politischer Sprache verhallte, wurde nicht Ernst genommen oder gar nicht gehört. Mit welcher Konsequenz Orbán die politische Ordnung Ungarns umstürzte, um eine neue zu errichten, wird uns zunehmend erschreckend bewusst.

Wer die zehn Jahre seiner Machtergreifung in einem liebenswürdigen Land der Europäischen Union verfolgt, kann Schritt für Schritt beobachten, wie in einem vom Kommunismus befreiten Land ein illiberales, hybrides Regime entsteht:

- Ungarn wird zentralisiert
- die Medien kontrolliert
- der angeblich illoyale Beamtenapparat gesäubert
- die Verfassung nach Belieben angepasst
- die Gerichte und Staatsanwaltschaften gleichgeschaltet
- die Nichtregierungsorganisationen drangsaliert
- die Minderheiten diffamiert
- die Sozialstaatsmaßnahmen und die Arbeitnehmerrechte eingeschränkt

- die Wahlgesetze so manipuliert, dass schon 40 Prozent der Stimmen eine Zweidrittelmehrheit im Parlament sichern, das zur Abnickmaschine degeneriert.

Der ungarische Philosoph Gáspár Miklós Tamás fasste dies kürzlich so zusammen: »Unser Land ist politisch, moralisch und geistig kaputtgegangen … Kein Rechtsstaat, kein Verfassungsstaat, aber auch keine Diktatur im russischen oder türkischen Sinne. Oppositionelle sitzen nicht im Gefängnis oder werden ermordet. Deswegen bedarf es mangels Widerstand gegen Orbán auch nicht. In Ungarn herrscht Ordnung und Ruhe. Es ist ein zum Weinen unglückliches Land.«

Das Armutszeugnis der Europäischen Union

Die neugewählte Kommissionspräsidentin Ursula von der Leyen hält sich mit ihrer Kritik zurück. Verständlich. Als sie vom Europäischen Parlament mit neun Stimmen Mehrheit gewählt wurde, hatte sie ihre Wahl der Orbán-Partei zu verdanken. Die zwölf Fidesz-Abgeordnete stimmten für sie. Schon bei ihrer Nominierung im Rat der Staats- und Regierungschefs hatte sie in Viktor Orbán einen ihrer stärksten Unterstützer, weil sie im Gegensatz zu dem aufrechten Demokraten Frans Timmermans die Rechtsstaatsverletzungen der Ungarn und Polen nicht beim Namen nannte.

Zwar wird nach Artikel 7 des EU-Vertrages ein Rechtsstaatsverfahren gegen Ungarn eingeleitet, das zum Stimmentzug führen könnte, jedoch nicht führen wird. Denn dieser Entzug müsste im Rat der Staats- und Regierungschefs einstimmig erfolgen. Mit Sicherheit wird Polen dagegen stimmen, weil es selbst in ein Verfahren verwickelt ist. Auch werden Tschechien, die Slowakei und Slowenien dagegen sein. Orbán weiß das natürlich und braucht sich um die Kritik der anderen Staaten nicht zu kümmern. Dies ist ein erneutes Beispiel wie sehr das Einstimmigkeitsprinzip der EU ihre Handlungsfähigkeit blockiert.

Von der Europäischen Union muss sich Orbán auch noch belohnt fühlen, wenn er trotz seines antidemokratischen Verhaltens im Jahr 2018 fünf Milliarden Fördergelder erhält, in dieser Größenordnung Jahr für Jahr. Dies entspricht ca. vier Prozent des Bruttoinlandsprodukt Ungarns. Der unnachvollziehbare Höhepunkt europäischen Fehlverhaltens zeigte sich erst jüngst bei der Verteilung von Coronamitteln.

Orbán ließ sich in der Coronakrise per Parlamentsbeschluss bestätigen, dass er unbegrenzte Zeit per Dekret regieren kann. Ein Ermächtigungsgesetz, das uns an die dunkelsten Zeiten europäischer Geschichte erinnert. Als Anerkennung dafür erhielt Ungarn aus dem CRII (Coronavirus Response Investment Initiative Plus) 5,6 Milliarden Euro. Dies entspricht 3,8 Prozent des Bruttoinlandsprodukt Ungarns. Dies, obwohl es in Ungarn nur 20 Infektionsfälle ohne Tote gab. Italien dagegen, das in der EU neben Spanien am stärksten betroffene Land erhält aus diesem Topf 2,3 Milliarden Euro. Dies entspricht 0,1 Prozent seines Bruttoinlandsprodukts. Aber Scham ist natürlich keine politische Kategorie. Von europäischer Solidarität ganz zu schweigen.

Donald Tusk, der Präsident der EVP-Familie Europas, versucht seit geraumer Zeit, die Fidesz-Partei auszuschließen. Bisher ohne Erfolg. Er findet keine Mehrheit, weil die EVP-Mitglieder Frankreichs, Spaniens, Italiens und Deutschland dies verhindern, In einem jüngsten Brief an die Vorsitzenden der EVP-Familie verschiedener Staaten, darunter der CDU und CSU, greift Viktor Orbán Donald Tusk an, indem er ihm vorwirft, die EVP als »Spielplatz«

seiner »polnisch-innenpolitischen Spiele« zu missbrauchen. Außerdem bediene er sich der Sprache von »europäische Liberalen und Linken«.

Es wird also höchste Zeit, dass sich der Rat der Staats- und Regierungschefs auf einem Sondergipfel mit der Entwicklung in Ungarn beschäftigt, um sich nicht selbst zu beschädigen, und Ungarn solange aus der Rechts- und Wertegemeinschaft ausschließt bis zur Rückkehr des Landes zum Rechtsstaat.

Natürlich weiß ich, wie kompliziert das ist, auch weiß ich welche Widerstände einzelner Staaten dem entgegenstehen, ich weiß aber auch, dass die Glaubwürdigkeit der Bürgerinnen und Bürger auf dem Spiel steht.

Nicht zuletzt an dem Beispiel Ungarns wird sich zeigen, ob Europa eine Rechts- und Wertegemeinschaft ist oder nur eine Geldverteilungsmaschine.

[April 2020]

Die Denkblockade durchbrechen

Die »Logik« des Krieges lässt nur noch die Überlegung zu, wie man den Gegner am besten vernichten kann

Nach Wladimir Putins Rede an die Nation, die auch nicht im Ansatz Verhandlungsbereitschaft signalisierte, durch die Aussetzung des New-Start-Abkommens sogar eine zusätzliche Eskalation andeutete, scheint die Diplomatie keine Chance zu haben. Das heißt, der Westen wird noch mehr Waffen an die Ukraine liefern, immer stärker zur Kriegspartei werden. Putin wird immer mehr Russen der Sinnlosigkeit opfern. Er geht offenbar von einem langen Krieg aus, sonst hätte er seinen Soldaten nicht nach 6 Monaten Heimat Urlaub versprochen – denjenigen, die dann noch leben. Dies alles läuft auf einen Abnutzungskrieg hinaus, bis zur Erschöpfung einer oder beider Seiten.

Wenn Putins Rede seinen »Wirklichkeitssinn« wiedergibt, muss es doch auch so etwas geben wie dem »Möglichkeitssinn«, der altes Denken hinter sich lässt. Hier bietet die Wissenschaft von der internationalen Politik mit Hilfe der »Graduismustheorie« Lösungsmöglichkeiten an. Die Theorie wurde entwickelt, um in der Kuba-Krise 1962 einen Atomkrieg zu verhindern, sie hält aber auch Vorschläge bereit, wie im Ukraine-Konflikt eine paranoide Sprachlosigkeit überwunden werden kann.

Der Teufelskreis das bloßen Freund-Feind-Denkens mit dem sich steigernden Misstrauen muss durchbrochen werden. Die Mentalität des Krieges führt zu einer Denkblockade, die nur noch die Überlegung zulässt, wie man am besten den Gegner vernichten kann. Die wesentlichen Gründe für dieses Verhalten sind psychologischer Natur. Das Bewusstsein fest verwurzelten Feindbilder lassen kein objektives Urteil zu. Der Gegner wird aus dieser Mentalität heraus jeweils genau mit den entgegengesetzten Merkmalen zu denjenigen beurteilt, die man sich selbst zuschreibt. So gelingt es, ein und dasselbe Verhalten genau entgegengesetzt zu bewerten. Die daraus resultierende Denkweise wird konsequent durchgehalten, erscheint geradezu »logisch« und ermöglicht im eigenen Denken die absolute Verteufelung des Gegners.

Ausstieg aus der Spirale in drei Phasen

Will die Ukraine Absprache mit dem Westen aus der Eskalationsspirale heraus, dann geht dies nur, wenn Sie den ersten Schritt tut und nicht darauf besteht, dass dieser vom Aggressor ausgehen müsse. Ein möglicher Ausstieg aus der Spirale vollzieht sich in mehreren Schritten:

In der ersten Phase bietet die Ukraine in Übereinstimmung mit ihren westlichen Partnern Verhandlungen an. Um Vladimir Putin die Ernsthaftigkeit zu signalisieren, nimmt der Westen in Übereinstimmung mit der Ukraine eine Sanktion zurück, die besonders das russische Volk betrifft. Aus einem solchen Angebot kann die Gegenseite den guten Willen erkennen, dass die Ukraine wünscht, mit Russland ins Gespräch zu kommen. Eine Erwiederung der Gegenseite ist zwar wünschenswert, aber keine notwendige Bedienung dafür, die begonnene Politik des Umdenkens vorzusetzen.

In der zweiten Phase, wenn das Angebot der ersten Phase unbeantwortet bleibt, wird der Westen in Absprache mit der Ukraine erneut eine Sanktion mit größeren Folgen für die russische Bevölkerung aufheben. Allerdings wird im Gegensatz zur ersten Phase nun eine Erwiederung mit gleichwertigen Angebot von russischer Seite erwartet. Reagiert Russland im Sinne der Erwartung der Ukraine positiv, in dem es zum Beispiel ankündigt, den Raketenbeschuss außerhalb der Front zu unterbrechen, kann die dritte Phase eingeleitet werden.

In Phase 3 beginnt die eigentliche Suche nach eine Annäherung. Die wichtigste Aufgabe besteht darin, dass tiefsitzende gegenseitige Misstrauen in kleinen Schritten abzubauen. Je besser dies gelingt, desto bereiter werden beide Seiten sein, Kompromisse einzugehen. »Von nun an werden die Konzessionen gleichzeitig nach Abprache, gemäß einem aufgestellten Zeitplan gemacht werden und mit Inspektionen – etwa unter Aufsicht der UN – verbunden sein«, wie Amitai Etzioni 1965 in seinem Klassiker »Der harte Weg zum Frieden« schreibt.

Apokalyptisches Risiko eines Atomkriegs

Nach Einschätzung des bisherigen Kriegsverlauf sollte es in beidseitigen Interesse liegen, den Konflikt diplomatisch zu lösen. Die nukleare Bewaffnung der beiden größten Atommächte der Welt – verbunden mit der äußerst schwierigen Kontrolle der künstlichen Intelligenz, einer in dieser Konstellation nie vorher da gewesenen Situation – macht jeden Krieg zwischen diesen Konfliktparteien zum apokalyptischen Risiko.

Zur Beherrschung dieses Risikos gibt es keine Alternative. Selbst wenn die Ukraine glaubt, sie könne mit immer mehr westlichen Waffen und der aufopferungsvollen Tapferkeit ihrer Menschen den Krieg gewinnen und ihre territoriale Integrität wiederherstellen, widerspricht dies allen realistischen Möglichkeiten. Die USA und die anderen Staaten, die die Ukraine unterstützen, sind schon lange Kriegspartei. Somit haben auch alle das Recht und die Pflicht, auf Verhandlungen zu dringen. Die Interessen der USA und Europas sind nicht deckungsgleich. Zunächst ist und bleibt Russland Europas Nachbar.

Der Westen darf auch die Augen nicht davor verschließen, dass er sich an den menschenverachtenden Morden mitschuldig macht, indem er mit seiner Unterstützung die Ukraine zur Fortsetzung des Krieges anhält. Zudem ist es ein Irrglaube, mit immer härteren Sanktionen gegen Russland – und damit gegen uns selbst – können man Putin zum Einlenken bewegen. Unsere Gesellschaft ist nicht so gefestigt, dass sie über diese Frage nicht in zwei feindliche Lager zerfällt. Irrig ist es auch, darauf zu hoffen, das System Putin könne an innerem Auseinandersetzungen zerbrechen. Selbst wenn, ist mehr als unsicher, dass der nächste Machthaber ein bequemerer Verhandlungspartner wäre.

Die Schlussfolgerung: die beteiligten Akteure müssen alles dafür tun, der Diplomatie eine Chance zu geben, die Inhumanität zu beenden.

[Februar 2023]

»Mehr war nicht drin«

Der Flüchtlingsgipfel im Kanzleramt hat keine Antwort gefunden, wie die Politik das Massenphänomen Migration menschenrechtbasiert lösen will.

Um die Funktionsfähigkeit des föderalen System Bundesrepublik Deutschland nicht zu diskreditieren, hat der Kanzler kurzfristig eine Milliarde Euro zusätzlich für die Kommunen zur Verfügung gestellt, die die eigentliche Last für die Flüchtlinge tragen.

Eine dauerhafte Lösung ist nicht in Sicht. Man konnte sich nicht darauf verständigen, eine Planungssicherheit für die Kommunen dadurch herzustellen, dass ihnen eine Kopfpauschale pro Flüchtling angeboten werde. Dies hätte zwar auch nicht das Problem gelöst, aber die aufnehmenden Kommunen hätten ihren Auftrag erfüllen können, den Flüchtlingen einen menschenwürdigen Aufenthalt anzubieten.

Bis November 23 sollen nun Arbeitsgruppen eine Lösung suchen, die wir schon gestern gebraucht hätten.

Neben der zusätzlichen Milliarde schlägt das Innenministerium gemeinsam mit dem Kanzleramt Verschärfungen in Aufnahme und Abschiebung vor:

- Verschärfung des Asylrechts;
- Verlagerung des Problems an die Auengrenzen;
- eine rigorose Verschärfung der Abschiebepraxis;
- Ausweitung der sogenannten sicheren Herkunftsländer;
- mehr Befugnisse und finanzielle Unterstützung von FRONTEX (2004 gegründete »Europäische Agentur für die Grenz- und Küstenwache«) zwecks Durchführung völkerrechtswidriger Push-Back-Operationen

Die Europäische Union scheut keine Kosten, um den Schutz der Auengrenzen abzusichern, wie z. B. einen vier Meter hohen Zaun in Ungarn 176 KM entlang der serbischen Grenze oder mit EU-Mitteln installierte Selbstschussanlagen zwischen Syrien und der Türkei. Diese Anlagen sind mit Maschinengewehren ausgestattet. Nähert sich ein Mensch der Anlage auf 300 Meter wird er in drei Sprachen aufgefordert, umzukehren. Geht der Mensch weiter, wir er durch automatisch ausgelöstes Feuer erschossen. Gesamtaufwendungen für »Grenztechnologien« beliefen sich 2022 auf 29 Milliarden Euro (Jean Ziegler). Für FRON-TEX sieht die mittelfristige Finanzplanung bis 2027 34,9 Milliarden Euro vor.

Trotz des Einsatzes enormer finanzieller Mittel, trotz Verletzung europäischer Werte konnte der Strom der Flüchtlinge nicht aufgehalten werden. Auch zukünftig ist er nicht aufzuhalten.

Eine europäische Lösung ist unerlässlich.

Nach wie vor spaltet die Flüchtlingsproblematik die deutsche Gesellschaft gleichermaßen wie andere europäische Gesellschaften.

Geradezu epidemisch breitet sich europaweit Fremdenhass durch rechtsextreme Parteien aus. In einigen Ländern ist diese Phobie schon auf Regierungsebene angekommen, wie z.B. in Ungarn und Polen. Aber kein Land ist frei von dem Virus Rassismus und Rechtextremismus. Dies gefährdet unsere demokratische Gesellschaftsordnung. Man muss befürchten, die Demokratie als westliches Lebensmodell befindet sich nicht nur in der Defensive, sondern sogar auf dcm Rückzug.

Bisher finden wir kein Mittel, die Spaltung zu überwinden. Staaten wie Ungarn, Polen, Bulgarien, Rumänien, denen selbst erhebliche europäische Solidarität zu Teil wurde, verweigern sich jeder Art von Solidarität. Brüssel, wo der eigentliche Schlüssel für eine gesamteuropäische Lösung liegt, scheut den Konflikt, scheut die Gefahr eines Zerwürfnisses unter den Mitgliedstaaten. Jedoch es gibt keine andere Lösung.

Wie könnte eine

gesamteuropäische Lösung aussehen?

Der Verteilungsschlüssel wird durch die Wirtschaftskraft der verschiedenen Länder definiert. Für die Willigen ist das kein Problem, dem zuzustimmen. Für die Unwilligen muss ein Weg gefunden werden, über eine Verteilung der Gelder Solidarität zu erzwingen.

Da die Kosten für die Versorgung eines Flüchtlings bekannt sind, werden den Unwilligen gemäß des allgemeinen Schlüssels EU-Gelder gekürzt und auf die Willigen verteilt.

So könnte der Druck der Migration solidarisch auf die Schultern von ca. 450 Millionen Europäern unter Wahrung unseres humanitären Selbstanspruchs gerecht verteilt werden.

Die übliche Suche nach einem Kompromiss europäischen üblichen Musters ist sinnlos.

Humanität ist nicht verhandelbar.

Der Flüchtling ist ein Mensch. »Die Würde des Menschen ist unantastbar. Sie zu schützen, ist Verpflichtung aller staatlicher Gewalt.« (GG1.1.) Dort heißt es nicht, die Würde des deutschen Menschen ist unantastbar, sondern jedes Menschen.

»Wir haben unser Zuhause und damit die Vertrautheit des Alltags verloren. Wir haben unseren Beruf verloren und damit das Vertrauen eingebüßt, in dieser Welt irgendwie von Nutzen zu sein. Wir haben unsere Sprache verloren und mit ihr die Natürlichkeit unserer Reaktionen, die Einfachheit unserer Gebärden und die Ungezwungenheit unserer Gefühle.«

Mit solch eindrucksvollen, zeitlosen Worten beschreibt Hannah Arendt 1943 in ihrem Essay »Wir Flüchtlinge« die Verzweiflung, die jeder Flüchtling fühlt, wenn er seine Heimat verlassen muss, aus welchen Gründen auch immer. Sie beschreibt, dass damit auch der Mensch seine Würde verliert.

Was wir zu Zeit in Lesbos und anderen Auffanglagern, oder besser Haftzentren über das menschenunwürdige dahinvegetieren der Flüchtlinge erfahren, lässt sich kaum in Worte fassen.

Warum ist so etwas in Europa möglich, das seine Werte wie eine Mantra vor sich herträgt? Warum stehen wir nicht auf und klagen an?

Es gibt zwar keine Kollektivschuld der Bürger*Innen in den Mitgliedstaaten. Sehr wohl aber gibt es eine Kollektivscham, die jeder Europäerin und jedem Europäer und allen gemeinsam sein sollte, eine Scham darüber, wie tief Europa moralisch versagt.

[September 2023]

Freiheit unter Druck

Am 21. November 1990 kamen die Staats- und Regierungschefs der »Konferenz für Sicherheit und Zusammenarbeit in Europa« in Paris zusammen. Sie erklärten feierlich: »Das Zeitalter der Konfrontation und der Teilung Europa ist zu Ende gegangen. ... Wir verpflichten uns, die Demokratie als einzige Regierungsform unserer Nationen aufzubauen, zu festigen und zu stärken.«

Eine Generation später kommt die »Intelligence Unit des Economist-Magazin« (EUI) in seiner jährlich erscheinenden Studie zu dem Ergebnis »dass die Demokratie unter Druck ist.«

Die Studie untersucht das Demokratiepotenzial von 167 Staaten, bewertet Kategorien mit Punkten von 1 bis 10 im Bereich Wahlverfahren und Pluralismus, Funktionsweise der Regierung, politische Beteiligung, politische Kultur und bürgerliche Freiheiten. Danach ist der globale Durchschnittswert seit dem letzten Jahr von 5,29 auf 5,23 gesunken.

Dies ist der niedrigste Wert seit 2006 die Studie durchgeführt wird. 67 Länder bleiben unverändert, 68 Länder verzeichnen einen Rückschritt und 32 Länder einen gewissen Fortschritt.

23 Staaten wurden als »vollständige Demokratie« eingestuft, das sind 7,8 Prozent der Weltbevölkerung. Zur Kategorie der mit »Mängeln behafteten Demokratien« zählen 37,6 Prozent der Weltbevölkerung. Hinter den 74 Staaten mit »vollständigen« und »mangelhaften« Demokratien liegen 54,6 Prozent der Staaten, in denen Menschen in autoritären und autokratischen, in unfreien Verhältnissen leben. Tendenz steigend. Die EUI weist darauf hin, dass sich die »autoritären Regime« immer stärker verfestigen.

Unter den 23 vollständig demokratischen Ländern liegt Deutschland auf Platz 12, hinter Luxemburg. Den besten Wert erzielt Deutschland im Bereich »Wählerverhalten und Pluralismus«, dem »reibungslosen Funktionieren des Wahlsystems und der Machtübergabe.« Die größte Herausforderung wird für Deutschland bei der politischen Kultur gesehen, wegen der Auseinandersetzung mit der AfD.

Frankreich liegt au dem letzten Rang der vollständigen Demokratien. Das totale Abgleiten in ein autokratisches System ist nach den nächsten Präsidentschaftswahlen nicht ausgeschlossen.

Westeuropa insgesamt »leidet unter dem geringen Vertrauen in die Regierung« und ist in der Frage der Einwanderung paralysiert.

Nur drei Länder erreichen wie im vorigen Jahr den vollständigen Demokratiewert: Neuseeland, Norwegen, Island.

Die Analyse des »Economist-Index« zeigt eindeutig, dass Demokratie sich auf dem Rückzug und Autokratie auf dem Vormarsch befindet.

Auch der »Freedom House Index« weist in die gleiche Richtung, wenn er für die letzten 17 Jahre in Folge eine globale Regression in Freiheitsrechten feststellt, insbesondere in Russland, China, in dem vom Hindunationalisten Narendra Modi regierten Indien, weitgehend im globalen Süden.

Eine mögliche Wiederwahl Trumps, dem schon während seiner ersten Präsidentschaft autokratische Regierungszüge attestiert wurden, würde die noch überwiegend demokratische Staaten Europas erheblich schwächen.

Unter einer erneuten Präsidentschaft Trumps – ausgeschlossen scheint sie nicht zu sein – würde der einstige Leuchtturm der Demokratie, die USA, zu einer Autokratie verkommen.

Freedom House begründet 2019 » die Herabsetzung der Freiheitsgrade der USA für das Jahr 2018 u. a. mit der Vermischung privater und öffentlicher Interessen durch einen Präsidenten, der funktionierende»checks and balances« als frustrierend empfindet, kritische Medien unter Druck setzt und sich verächtlich gegenüber Muslimen, Latino- und Afroamerikanern äußere. *(vgl Uwe Backes, 2022, 152)*

Dass ein Mensch in seinem übersteigerten Wahn den Wunsch hat, eine funktionierende Demokratie zu zerstören, ist zwar völlig inakzeptabel, auf dem Hintergrund einer derart gespaltenen Persönlichkeit sogar nachvollziehbar, aber, dass fast die Hälfte der Wählerinnen und Wähler solchen Ideen hinterher laufen, ist unbegreiflich.

Wir in Europa, die wir noch in einer»vollständigen Demokratie leben«, müssen erkennen und handeln.

Erkennen müssen wir, wie sehr die zunehmende globale Systemautokratie unser westliches Lebensmodel bedroht. Wir wissen natürlich, dass dieses Modell nicht vollkommen und fortlaufend verbesserungswürdig ist.

Handeln müssen wir, indem wir dieser bedrohlichen Entwicklung unsere wehrhafte Verteidigung entgegen setzen

[Februar 2024]

Wenn du den Frieden willst,

bereite den Frieden vor

»Von allen Dingen der bigotten Politik unserer Tage hat keine mehr Unheil angerichtet, als die daß ›um Frieden zu haben, man sich zum Kriege rüsten muß.‹ Diese große Wahrheit, die sich hauptsächlich dadurch auszeichnet, daß sie eine große Lüge enthält, ist der Schlachtruf, welcher ganz Europa zu den Waffen gerufen hat.« *(Karl Marx, 30. Juli 1859)*

Diese vor 165 Jahren geäußerte Kritik an dem alten römischen Grundsatz:»Wenn du den Frieden willst, bereite den Krieg vor.« Dieser Grundsatz passt vortrefflich zu der Aussage unseres Verteidigungsministers:»Wir müssen wieder kriegstüchtig werden.« Fundamentaler Widerspruch: Nein, wir müssen lernen Friedens fähig zu werden.

Nun stimmt das Präsidium der SPD der Zusage unseres Kanzlers gegenüber dem amerikanischen Präsident zu, 2026 weit in den russischen Raum reichende Tomahawks-Raketen in Deutschland zu stationieren.

Was für ein Demokratieverständnis des deutschen Kanzlers, wenn er ohne Rückkoppelung mit seinem Souverän, dem deutschen Volk, in selbstherrlicher Manier quasi wie ein Verwaltungsakt eine solche Zusage macht.

Von den Repräsentanten unserer Politik darf man eigentlich den Scharfsinn eines demokratischen Grundverständnisses erwarten, eine solche lebensbedrohliche Entscheidung zunächst ausgiebig öffentlich zu diskutieren und danach abzustimmen. Es geht nicht darum, eine Politik von derart grundsätzlicher Entscheidung besser zu erklären – als ob das Volk die Tragweite nicht verstehen würde – aber von vornherein zu betonen, den Beschluss nicht zu revidieren.

Es bedarf einer breiten Diskussion, einer Aufklärung ohne wenn und aber über die Konsequenzen vom Ende her zu denken, wenn es tatsächlich zum Einsatz der Raketen kommt, wo möglich mit nuklearen Sprengköpfen.

Der Glaube, eine Abschreckung werde schon funktionieren, ist ein Irrglaube. Wie kein Glaube eine Garantie für etwas ist, was eigentlich nur der Wunsch der Vater des Gedankens ist.

Eine solche Politik treibt die Wählerinnen und Wähler scharenweise in die verlogenen Arme der Populisten und zerstört Jahrhunderte alte Grundwerte der Sozialdemokratie.

Das Ergebnis wird eine Marginalisierung der altehrwürdigen Sozialdemokratischen Partei Deutschlands sein.

1982 schrieben 59 SPD-Abgeordnete an Ronald Reagan: »Wir Deutsche können auf die Dauer keine Doktrin akzeptieren, die im Ernstfall unsere Vernichtung einkalkuliert zum Schutze des gesamten Westen.« *(FR, 9.6.1982)*
Dieser Gedanke trifft auch heute die Lage.

[August 2024]

Irrglaube an die Logik der Abschreckung

Der Stationierung von US-Raketen geht demokratisches

Grundverständnis ab

»Von allen Dingen der bigotten Politik unserer Tage hat keine mehr Unheil angerichtet, als die, dass ›um Frieden zu haben, man sich zum Kriege rüsten muss‹. Diese große Wahrheit, die sich hauptsächlich dadurch auszeichnet, dass sie »eine große Lüge enthält, ist der Schlachtruf, welcher ganz Europa zu den Waffen gerufen hat.« Was Karl Marx vor 165 fahren, am 30. Juli 1859, als Kritik formulierte, nimmt Bezug auf die klassische römische Sentenz »Si vis pacem, para bellum« – »Wenn du den Frieden willst, bereite den Krieg vor«.

Dieser Grundsatz passt vortrefflich zur Aussage von Verteidigungsminister Boris Pistorius (SPD): »Wir müssen wieder kriegstüchtig werden.« Fundamentaler Einspruch: Nein, wir müssen lernen, zum Frieden fähig zu werden! Friedensfähigkeit bedeutet die grundsätzliche Bereitschaft, unserem Denken eine andere Richtung zu geben. Die Lösung der Probleme der Welt liegen im Handeln auf Grundlage der menschlichen Vernunft und der Unterdrückung angeborener Aggression. Die Lösung liegt in einer Erziehung eines kontinuierlichen Prozesses des Beobachtens, des Lernens und des Umdenkens. Beginnen müssen wir damit als Lern- und Unterrichtsprinzip vom Kindergarten bis zu Hochschule.

Nun hat das SPD-Präsidium der Vereinbarung von Olaf Scholz mit US·Präsident Joe Biden zugestimmt, im Jahr 2026 weit in den russischen Raum reichende Tomahawk-Raketen in Deutschland zu stationieren. Was für ein

Demokratieverständnis des Bundeskanzlers, wenn er ohne Rückkoppelung mit seinem Souverän, dem deutschen Volk, in selbstherrlicher Manier quasi als Verwaltungsakt eine solche Zusage macht!

Eine solch lebensbedrohliche Entscheidung muss mit dem Volk rückgekoppelt werden

Von unseren politischen Repräsentanten darf man eigentlich den Scharfsinn eines demokratischen Grundverständnisses erwarten, eine solche lebensbedrohliche Entscheidung zunächst ausgiebig öffentlich zu diskutieren und danach abzustimmen. Es geht nicht darum, eine Politik von derart grundsätzlicher Entscheidung besser zu erklären – als ob das Volk die Tragweite nicht verstünde –, dabei aber von vornherein zu betonen, den Beschluss nicht zu revidieren. Es bedarf vielmehr einer breiten Diskussion, einer Aufklärung ohne Wenn und Aber, einer Erwägung der Konsequenzen vom Ende her, wenn es tatsächlich zum Einsatz dieser Raketen kommen sollte, womöglich bestückt mit nuklearen Sprengköpfen.

Der Glaube, eine Abschreckung werde schon funktionieren, ist ein Irrglaube. Sowie kein Glaube eine Garantie für etwas ist, wo eigentlich nur der Wunsch der Vater des Gedankens ist. Der Glaube an die Abschreckung folgt der Logik, der Gegner verhalte sich deshalb rational, weil andernfalls auch er selbst ausgelöscht werden könne. Gerade die Abschreckung mit nuklearem Potenzial spielt mit der Apokalypse. Der Gedanke, der Gegner könne in einem Präventivschlag die Raketen auf deutschem Boden als Bedrohungspotenzial zu zerstören suchen, wird in diese Logik nicht einbezogen, sondern einfach verdrängt.

Eine solche Politik treibt die Wählerinnen und Wähler scharenweise in die Arme verlogener Populisten und zerstört Jahrhunderte alte Grundwerte der SozialdemokrJtie. Das Ergebnis wird eine weitere Marginalisierung der altehrwürdigen Sozialdemokratischen Partei Deutschlands sein.

1982, in der Zeit der Debatte über den Nato-Doppelbeschluss, schrieben 59 SPD-Abgeordnete an den damaligen US-Präsidenten Ronald Reagan: »Wir Deutsche können auf die Dauer keine Doktrin akzeptieren, die im Ernstfall unsere Vernichtung einkalkuliert zum Schutze des gesamten Westens.«

Dieser Gedanke trifft auch heute die Lage.

[September 2024]

Die Hypothek einer Staatsräson

Vorbemerkung

Im Jahr 1589 prägte Giovanni Botero (ca. 1544– 1617) in seinem Buch »Della ragion di stato« den Begriff: Staatsräson. Der Staat war »eine auf Dauer gestellte Herrschaft über ein Volk«, wobei Staatsräson galt als »Kenntnis der Mittel, die zur Gründung, Erhaltung und Erweiterung dieser Herrschaft vonnöten sind.«

Seit dieser Zeit ist mit dem Begriff mal mehr, mal weniger eine interessengebundene Räson verbunden, die dazu diente, beliebige politische Positionen zu legitimieren und zu begründen.

Am 18. März 2008 formulierte Angela Merkel auf Staatsbesuch in Israel vor de Knesset: »Die historische Verantwortung ist Teil der Staatsräson meines Landes. Das heißt, die Sicherheit Israels ist für mich als deutsche Bundeskanzlerin niemals verhandelbar.«

Dieser Satz fand Eingang in den Koalitionsvertrag 2019: »Die Sicherheit Israels ist für uns Staatsräson.«

Nach dem barbarischen Terrorangriff der Hamas vom 7. Oktober 2023 formulierte Olaf Scholz: »Die Sicherheit Israels ist deutsche Staatsräson.« Da er nicht formulierte wie Merkel »ist Teil deutscher Staatsräson«, könnte man von einem unterschiedlichen Begriffsverständnis ausgehen.

Wie dem auch sei, wurde der Satz von vielen PolitikerInnen fast inflationär wiederholt.

Balanceakt und Dilemma

Die israelische Regierung treibt seine Freunde, insbesondere die Vereinigten Staaten und Deutschland, immer stärker in eine Erklärungsnot für eine Unterstützung seines Handelns, ja in die Isolation, nachdem sich große Teile der Völkergemeinschaft mit Abscheu abwenden. Die deutsche Politik muss sich eindeutig und nicht verschwommen positionieren. Fünf Begründungspunkte will ich anführen:

- Sie muss klar stellen, dass jede Staatsräson, auch die der schuldbeladenen Deutschen, dem Völkerrecht unterzuordnen ist.

- Je stärker Israel jegliche Angemessenheit in seinem maßlosen Handeln vermissen lässt, so wie es eine zunehmende Anzahl, auch befreundeter Staate, beurteilen, desto mehr macht es seine verbliebenen Freunde zu Komplizen.

- Völlig unverständlich ist es, dass die radikale, rechtslastige von Netanjahu geführte israelische Regierung, die nicht gleich Israel ist, so handelt. Sie ist nicht in der Lage, nach dem Wissen um den menschenverachtenden Genozid Nazideutschlands am jüdischen Volk, das eigene Handeln an dem palästinensischen Volk zu reflektieren, sodass der Gedanke einer ethnischen Säuberung sich aufdrängt.

- Die deutsche Politik muss verdeutlichen, welches Israel Teil der deutschen Staatsräson ist. Sie spricht mit keinem Wort von dem Israel vor dem Sechs-Tage-Krieg vom Juni 1967. Oder von dem Israel Ariel Sharons, dem vormaligen Verteidigungsminister von 1980. Er sprach »von dem Siedlungsprojekt als einer vollendeten Tatsache, ›einem Skelett, das im Westjordanland abgelegt

worden‹ sei, und ›jeden territoriale Kompromiss ver-
hindere‹. Angesichts dieses Skeletts sah Sharon kein
einziges Gebiet mehr, das man wem auch immer [über]
geben werden kann. ... Aus Sharons Skelett, ist ein voll
ausgewachsener Körper geworden.« *(Omri Boehm, Isra-
el-Eine Utopie, 33)*
* Die Siedlungspolitik Israels im Westjordanland, ist ein
geographischer Flickenteppich, der aus einer Zweistaa-
tenlösung eine Zweistaatenillusion gemacht hat.
* Noch ein Gedanke liegt nahe. Netanjahu geht es um den
eigenen Machterhalt. Einen Plan für eine Zeit, nachdem
er seine Ziele vielleicht erreicht hat, liegt nicht vor. Er
muss jedoch befürchten, dass er nach einem Schweigen
der Waffen strafrechtlich verfolgt und möglicherweise
auch verurteilt wird. Der Krieg schützt ihn so persönlich.
* Offenbar kann niemand die Regierung Netanjahu aufhalten, erst die Hamas vernichten zu wollen – den Tod
von allein mehr mehr als 16.000 Kindern billigend in
Kauf zu nehmen. Wie wir sehen, hat er begleitend zur
Vernichtung der Hamas sich nun die Vernichtung der
Hisbollah vorgenommen, auch dort ohne Rücksicht auf
die libanesische Zivilbevölkerung. Dann wird er wahrscheinlich den Iran angreifen und die USA in den Konflikt hineinziehen, die aus innenpolitischen Gründen
gar nicht anders können. Und die Deutschen werden mit
ihrer verqueren Staatsräson auch hineingezogen. Da der
Iran starke Freunde in Russland und China hat, wird es
wahrscheinlich zu einem Flächenbrand kommen.

Schließen will ich mit einem persönlichen Wort.
Vor einigen Monaten habe ich einen Beitrag geschrieben,
in dem ich auch auf das Leid der Palästinenser durch die

unverhältnismäßige Antwort der Regierung Netanjahu einging.

Sofort wurde ich als Antisemit diffamiert, obwohl ich differenziert auf die großartigen kulturellen Leistungen des jüdischen Volkes verwiesen habe. Ich denke, wir müssen zwischen der Kritik an der israelischen Regierung einerseits und dem jüdischen Volk andererseits unterscheiden. Eine berechtigte Kritik an inhumanem Verhalten der derzeitigen israelischen Regierung ist kein Antisemitismus.

»Die Weigerung, die Wahrheit über jemand zu zagen oder zu jemand zu sagen, ist gleichbedeutend mit der Weigerung, einen echten Dialog zu führen. *(Omri Boehm, 23)*

[Oktober 2024]

Schlag nach bei Shakespeare

Wesenszüge des Tyrannen sind zu allen Zeiten gleich –

Ein Blick in den Abgrund

Mit dem Wahlsieg Donald Trumps am 5. November haben sich die USA in die zunehmende Reihe von Staaten mit einem Autokraten an der Spitze eingereiht. Die älteste Demokratie der Welt nimmt einen Richtungswechsel vor: weg von der liberalen Demokratie. Wirtschaftliche Gründe mögen dafür eine Rolle gespielt haben, ebenso Inflation, Abstiegsängste der Mittelschicht, eine stark gestiegene Zuwanderung, das Gefühl junger Menschen, ihnen werde die Zukunft gestohlen. Solche Motive werden auch bei uns das Wahlverhalten beeinflussen. Gleichwohl sehe ich die Ursache für Trumps Erfolg vor allem in einer verbreiteten Orientierungslosigkeit der US-amerikanischen Gesellschaft – und in dem weltweit zu beobachtenden Trend einer Sehnsucht nach starker Führung.

Wie ist es möglich, dass große Nationen in die Hände eines Tyrannen fallen können? Warum akzeptieren viele Menschen die Lügen eines Mannes, der ihrem Land ungeheuren Schaden zufügt? Wozu lassen sich Menschen aufwiegeln und hinreißen? Warum möchten sie einem Hass säenden Psychopathen ähnlich sein und ihm unterwürfig folgen?

Der Harvard-Literaturwissenschaftler und Pulitzer-Preisträger Stefan Greenblatt hat 2018 in seinem immer noch bemerkenswerten Buch »Der Tyrann« den Typus solcher Machtmenschen meisterhaft herausgearbeitet und gezeigt, dass sie jederzeit und an jedem Ort zuschlagen können. Am Beispiel von William Shakespeares Richard III. zeigt er, wie verblüffend ähnlich sich der Tyrann des 15. Jahrhunderts und des 21. Jahrhunderts doch sind. Greenblatts Analyse ist eine Warnung und ein Merkbuch an alle, die sich nicht verführen lassen wollen.

Es gibt demnach so etwas wie zeitlose Wesenszüge des Tyrannen, ob er nun Richard III. oder Donald Trump heißt, geprägt durch „die grenzenlose Selbstliebe, das Brechen von Gesetzen, die Lust am Zufügen von Schmerz, das zwanghafte Bedürfnis, Überlegenheit zu spüren. Er ist ein pathologischer Narzisst und im höchsten Maße arrogant. Er verfügt über eine groteske Anspruchshaltung und hat nie einen Zweifel daran, dass er tun kann, was er will. Er brüllt gerne Befehle und sieht, wie seine Untergebenen sie hastig ausführen. Er erwartet unbedingte Loyalität, ist aber unfähig zur Dankbarkeit. Die Gefühle anderer bedeuten ihm nichts. Er hat keinen natürlichen Anstand, keine Vorstellung von Mitmenschlichkeit, kein Schamgefühl.

Das Gesetz ist ihm nicht nur gleichgültig, er hasst es, und es bereitet ihm Vergnügen, es zu brechen. Er hasst es, weil es ihm im Wege steht und eine Idee von Gemeinwohl verkörpert, die er verachtet. Er teilt die Welt in Sieger und Verlierer ein. Die Sieger erwecken seine Anerkennung, sofern er sie für seine Zwecke nutzen kann, die Verlierer erregen nur seinen Spott. Das Gemeinwohl ist etwas, von dem nur Verlierer reden. Er redet lieber von Gewinnen.«

Weiter schreibt Greenblatt über den Tyrannen:»Er liebt es, andere zu demütigen und zu quälen. Leicht reizbar, schlägt er nach jedem, der ihm in den Weg kommt. Es gefällt ihm, zu sehen, wie sich jemand windet, zittert oder vor Schmerz zusammenzuckt. Er hat ein Talent dafür, Schwächen zu erkennen und versteht es, Spott und Beleidigung auszuteilen. Diese Fähigkeiten ziehen Anhänger an, die dieselbe grausame Freude empfinden, auch wenn sie nicht seine Meisterschaft darin erreichen. Obwohl sie wissen, dass es gefährlich ist, helfen sie ihm. Sein Ziel zu erreichen, nämlich den Besitz der höchsten Macht.

Zum Besitz von Macht gehört die Beherrschung von Frauen, aber er verachtet sie weit mehr, als dass er sie begehrt. Sexuelle Eroberung erregt ihn, aber nur als endlos wiederholter Beweis, alles haben zu können, was er will. Er weiß, dass die, die er begrapscht, ihn hassen. Ja, sobald er die Macht erlangt hat, die ihn politisch wie sexuell so anzieht, weiß er auch, dass ihn eigentlich jeder hasst. Zunächst gibt ihm dieses Wissen Energie, versetzt ihn in eine Art fieberhafte Wachsamkeit gegenüber Rivalen und Verschwörungen. Doch bald beginnt es an ihm zu nagen und ihn auszuzehren. Früher oder später wird er zu Fall gebracht. Er stirbt ungeliebt und unbeweint.«

Wie sehr die Boshaftigkeit eines einzelnen Menschen eine ganze Nation in den Abgrund führt, haben wir Deutsche schmerzhaft erfahren müssen. Wie tief die USA nun in den Abgrund schauen,werden auch wir in Europa in den nächsten Jahren, mit verfolgen müssen.

Der US-Schriftsteller und Literaturnobelpreisträger Sinclair Lewis hat 1936, angesichts faschistischer Regime in Deutschland oder Italien, in seinem Roman»Das ist bei uns nicht möglich« den unaufhaltsamen Aufstieg eines Populisten und Demokratieverächters zum Präsidenten der Vereinigten Staaten geschildert und damit vorweggenommen, was heute in Amerika eben doch möglich geworden ist. Mögen den USA und der Welt die Folgen in Lewis' Horrorszenario erspart bleiben.

[November 2024]

Trierischer Volksfreund

Mein Interview

»Der Friede in Europa ist sehr zerbrechlich«

mit Katharina de Mos im »Trierischer Volksfreund« vom 14. Januar 2022

Vor fast genau einem Jahr haben wir in einem Interview darüber gesprochen, wie krisengeschüttelt unsere Zeit ist. Das Virus, der Sturm aufs Kapitol, Brexit-Chaos, Dürrejahre usw. Inzwischen gab es noch katastrophale Überflutungen und im Osten versammeln sich Putins Truppen. Hat sich dann irgendwas verbessert?

Nein, keine der Krisen, die wir vor einem Jahr vorfanden, konnte gelöst werden. Im Gegenteil, wie Sie schon feststellten, haben sich einige gar verschärft und andere sind hinzugekommen.

Was sind aus Ihrer Sicht die größten Probleme und Herausforderungen, vor denen Europa steht?

Europa steht auch heute vor den gleichen zu bewältigenden Herausforderungen wie das vergangene krisengeschüttelte Jahrzehnt: Flüchtlingskrise, Corona, Klima, Angriffe auf unser Demokratieverständnis, hasserfüllter Populismus, Nationalismus und ganz akut der brandgefährliche Konflikt in der Ukraine.

Ich bin 44 Jahre alt, kenne nichts als Friede, zumindest in Europa. Muss ich beim Blick Richtung Ukraine fürchten, dass sich das ändert?

Die Situation in der Ukraine ist nach meiner Einschätzung so bedrohlich, dass ein Krieg mitten in Europa möglich, ja, wahrscheinlich geworden ist. Auch ein Indiz dafür sind die zunehmenden Feindbilder, die wir glaubten seit 1991 hinter uns gelassen zu haben.

Zwischen dem Westen und Russland existiert seit 2014 eine verhaltensgestörte Hilflosigkeit. Psycho-logische Blockierungen hindern die beteiligten Akteure daran, die internationale politische Realität so zu beurteilen, wie sie ist.

Der Friede ist sehr zerbrechlich. Er ist zwar nicht alles, aber ohne ihn ist alles nichts, wie es einmal Willy Brandt so treffend formulierte.

Könnten Sie für alle, die nicht so aufmerksam verfolgen, was da im Osten passiert, den Konflikt mal mit einfachen Worten zusammenfassen?

Nachdem der russische Präsident im Jahr 2014 völkerrechtswidrig die Krim annektiert hat, konzentriert er jetzt schon zum zweiten Mal innerhalb von paar Monaten massiv russische Truppen an der ukrainischen Grenze, ein Tagesmarsch vom ukrainischen Territorium entfernt. Dieses Mal verbindet er den Aufmarsch mit konkreten Forderungen an den Westen, die er sofort erfüllt haben will:

- keine weitere Ausdehnung der NATO nach Osten;
- Reduktion militärischer Einrichtungen in den vormaligen Republiken der UdSSR;
- keine Waffenlieferungen an die Ukraine;
- keine Stationierung von Mittelstrecken-Raketen in Europa;
- Abzug aller Atomwaffen aus Europa.

Er begründet dies mit russischen Sicherheitsinteressen, was nachvollziehbar ist.

Auch der Westen hat Sicherheitsinteressen und könnte Russland auffordern, seine Raketen, Atomwaffen, seine Militärbasen aus Kaliningrad abzuziehen, am besten hinter den Ural.

Warum will sich Russland die Ukraine so gerne einverleiben?
Als 1991 die Sowjetunion auseinanderbrach, hat Russland manche Demütigungen aus dem Westen erfahren müssen. Der Westen triumphierte im Bewusstsein seines Sieges des Kapitalismus über den Kommunismus.

Dies gipfelte in der arroganten und herabwürdigenden Äußerung des sonst so klugen amerikanischen Präsidenten Barak Obama, Russland sei nur noch eine Regionalmacht.

Wladimir Putin hat die Schmach des Zerfalls der vormals stolzen Sowjetunion nie überwunden. Er hält das Auseinanderbrechen dieser Supermacht als die größte Katastrophe des 20. Jahrhunderts.

Sein Ziel, dadurch in die Geschichte einzugehen, ist es, wenigstens Russland, die Ukraine und Weißrussland zu einem Großrussland zu vereinen.

Begonnen hat er mit der Annektion der Krim.

Danach begann er den Donbass zu destabilisieren, indem er die für Unabhängigkeit kämpfenden Separatisten dort unterstützte.

Wie gehen die Russen bisher dabei vor?
Er liefert Waffen. Wahrscheinlich kämpfen auch sogenannte russische Freiwillige an der Seite der Separatisten. Die abtrünnigen ukrainische Provinzen Donezk und Luhansk hat Russland jüngst erstmals als Republiken DNR und LNR anerkannt. Russland hat bisher über eine halbe Million rus-

sischer Pässe im Donbass ausgegeben. Erstmals wurden dieses Jahr an Schulen und Universitäten russische Examina durchgeführt.

Diese Entwicklung muss man im Lichte der von der Duma 2010 verabschiedeten russischen Militärdoktrin beurteilen. Diese erlaubt es den russischen Streitkräften, russische Staatsbürger im Ausland zu schützen.

Es wäre mehr als naiv, würde man nicht annehmen, Russland verfolge mit dieser Taktik keine schleichende Annexion fremden Territoriums.

Was wäre aus Ihrer Sicht die beste Lösung des Ukraine-Konflikts?

Im Interesse aller beteiligten oder unmittelbar betroffenen Akteure kann der Konflikt nur im politische Dialog gelöst werden, einem Dialog der Übereinstimmung statt wie bisher der Gegensätze.

Wenn man Politik als die Kunst versteht, das Notwendige möglich zu machen, wie es Kardinal Richelieu einst formulierte, dann ist es notwendig, dass

- Russland seine Truppen abzieht und aufhört, die Ukraine zu destabilisieren;
- die NATO auf die Aufnahme in das Bündnis verzichtet, da ein Beitritt der Ukraine kein Zugewinn für die Sicherheit für die NATO ist, wohl aber eine Bedrohung für Russland;
- die Ukraine zurückkehrt zu der Erklärung einer immerwährenden Neutralität, damit Russland den Boden entzieht für jegliche Intervention;
- die Ukraine eine föderale Verfassungsreform durchführt mit dem Kernstück einer weitestgehenden Autonomie der Regionen, nur so kann die territoriale Unversehrtheit der Nation gewahrt werden;

- die sogenannten Volksrepubliken gleichberechtigt einbezogen werden in eine Neuordnung der Ukraine, denn sie werden weder mit gutem Willen überredet noch mit Gewalt gezwungen werden, sich in die vorfindliche Ukraine einzugliedern; also bleibt nur die Lösung einer Neuordnung der Ukraine.
- Russland, die USA, und die EU garantieren unter der Schirmherrschaft der UNO die Neutralität und territoriale Integrität der Ukraine; der Lackmustest dafür, ob das Verhältnis des Westens zu Russland für alle Zeit auf eine strategische Partnerschaft aufgebaut werden kann, geprägt von Respekt, Augenhöhe und Vertrauen; auch wäre es der Lackmustest dafür, wie ernst es Russland mit einer Lösung des Konflikts in diesem Sinne wäre.

Die Ukraine ist bei weitem nicht das einzige Problem. Wie beurteilen Sie grundsätzlich den derzeitigen Zustand der Europäischen Union?

Der Zustand der Europäischen Union ist wenig ermutigend. Die nationalen Interessen dominieren das Gemeinsame und schränken es ein. Entscheidungen fallen auf der Grundlage des kleinsten gemeinsamen Vielfachen. Interessen, Bedürfnisse, Funktionen und Aufgaben suchen sich adäquate Organisationsformen. Man löst die Aufgaben pragmatisch, ohne zu wissen, welche Gestalt Europa einmal haben soll. Die Frage, wie wir in Zukunft in Europa leben wollen, wird erst gar nicht gestellt. Die Antwort wäre vielstimmig, aber nicht konsensfähig.

Die seit den römischen Verträgen von 1956 in allen nachfolgenden Verträgen bis zum letzten von Lissabon wiederholte Formel,»die Grundlage für eine immer engere Union zu schaffen«, wird von den Mitgliedstaaten unterschiedlich bewertet. Der Grund dafür liegt in dem unterschiedlichen

Verständnis jedes einzelnen Mitgliedstaates, wie viel Souveränität auf die Gemeinschaft übertragen werden soll, um eine europäische Souveränität zu erreichen.

Feststellen kann man eine gewisse Lagerbildung in der EU. Wie beurteilen Sie das, was in Ungarn, Polen und anderen Mitgliedstaaten geschieht?
Die größte Gefahr für die EU geht genau von dieser Lagerbildung aus. Auf der einen Seite die rechtsstaatlich basierte, europäische Wertegemeinschaft, auf der anderen Seite die Anhänger eines illiberalen »Demokratieverständnisse«. Die Speerspitze diese zweiten Seite ist Ungarn.

Nach dem Gewinn der Wahl am 25. April 2010 verkündete Viktor Orbán vor seinen Anhängern: »Eine Ordnung kann man nicht verändern, man kann sie nur umstürzen und eine neue errichten.«

Zwölf Jahr später hier einige Ergebnisse:
- Kontrolle über die Medien;
- Säuberung des angeblich illoyalen Beamtenapparates;
- Gleichschaltung der Staatsanwaltschaften und Gerichte;
- Diffamierung von Minderheiten und Nichtregierungsorganisationen;
- Einschränkungen von Sozial- und Arbeitnehmerrechten;
- Manipulierung der Wahlgesetze, dass schon 40 Prozent der Wählerstimmen eine verfassungsändernde Mehrheit der Parlamentssitze ausmacht;

Die viel zitierten europäischen Werte werden mit Füßen getreten.

»Unser Land ist politisch, moralisch und geistig kaputtgegangen. Kein Rechtsstaat, kein Verfassungsstaat …«, so der ungarische Philosoph Tamás.

Jetzt haben wir über so viele Probleme gesprochen. Gibt es denn vielleicht auch etwas, was Ihnen Hoffnung macht, wie z.B. was die neue Bundesregierung in Sachen Europa plant?

Im Europakapitel des Koalitionsvertrages (131ff.) bekennt sich die Koalition »zur Weiterentwicklung zu einem föderalen europäischen Bundesstaat „der dezentral auch nach den Grundsätzen der Subsidiarität und Verhältnismäßigkeit organisiert ist und die Grundrechtscharta zur Grundlage hat.«

Dieser Traum von einer Einigung Europas begann im Jahre 1306, als der Franzose Pierre Dubois zum ersten Mal einen Europaplan vorlegte. Das ist 716 Jahre her. Durch die Jahrhunderte hindurch lebte dieser Wunsch, diese Sehnsucht fort, seit dem 19. Jhr. auch in dem Terminus der »Vereinigten Staaten von Europa«.

Aber es wird solange ein Traum bleiben, solange die sakrosankte Souveränität der einzelnen Nationalstaaten vorherrscht vor der Europäischen Souveränität.

Mit der vorfindlichen Konstruktion der EU ist dies nicht zu machen. Realisierbar wäre ein notwendiger föderaler europäischer Bundesstaat nur, wenn eine Koalition der Willigen Europa in diesem Sinne neu gründen würde.

Mein Interview

»Es ist brandgefährlich,

Putin in die Enge zu treiben«

mit Katharina de Mos

im ›Trierischer Volksfreund‹ vom 28. März 2022

War Putin jemals Demokrat?
Es ist nur schwer zu glauben, dass ein vormaliger KGB-Offizier eines nicht demokratischen Systems sich zum Demokraten gewandelt hat. Analysiert man jedoch seine Rede, die er am 25. September 2001 kurz nach seiner Wahl zum Präsidenten Russlands im Deutschen Bundestag gehalten hat, konnte man ihn für einen Demokraten halten. In dieser Rede kommt die tiefe Überzeugung zum Ausdruck, dass mit ihm Europa einen neuen Aufbruch gemeinsam mit einem demokratischen, rechtsstaatlichen Russland erlebt, einen Aufbruch geprägt von gegenseitigem Vertrauen, einen Aufbruch der Kooperation anstatt der Konfrontation.

Wenn 2001 seine Ausführungen ehrlich gemeint waren, wie und warum hat sich dann seine Meinung geändert?
Im Jahr 2004 hat sich die Nato mit den Aufnahmen Bulgariens, Estlands, Litauens,Rumäniens, der Slowakei und Sloweniens bis an die Grenzen Russlands ausgedehnt. Schon vor Putin hat Russland immer davor gewarnt, weil es sich bedroht fühlte. Putin versäumte nicht, wann immer sich eine Gelegenheit bot, auf die »ernsten Konsequenzen« hinzuweisen.

Während der Münchener Sicherheitskonferenz 2007 rechnete der Präsident zur allgemeinen Verwunderung endgültig mit dem Westen ab. Diese Rede und die Auseinandersetzung auf dem Bukarester NATO-Russland-Gipfel im Frühjahr 2008 deutete endgültig das Zerwürfnis Russlands mit dem Westen an. Zwar wurde mit den Stimmen Deutschlands und Frankreichs gegen die USA eine Aufnahme der Ukraine und Georgiens in die NATO abgelehnt, aber die Reaktion des damaligen Generalsekretärs, Jaap de Hoop Scheffer, »die Erweiterung werde ohnehin weitergehen«, musste Putin als arrogant und Provokation verstehen. Ein paar Monate später im August überfiel Russland Georgien. 2014 wurde die Krim annektiert. Die Separatisten im Donbass erhielten militärische Unterstützung aus Russland. Von dort führte langsam der direkte Weg zum Ukraine-Krieg.

Hätte ein Krieg in der Ukraine verhindert werden können?
Ja, wenn der Westen die wichtigen Jahre von 2014 bis 2022 genutzt hätte, wären es keine verlorenen Jahre gewesen. Aber es lag nicht nur am Westen, warum das Minsker-Abkommen eine Totgeburt war. Zwar haben auch die ehrlichen Makler Merkel und Hollande Fehler gemacht, Letztendlich gescheitert ist das Abkommen aber an den starren, unversöhnlichen Haltungen der Russen und Ukrainern. Diese beiden politischen Akteure haben auf Maximalforderungen beharrt, Russland, soweit es die Krim und den Donbass betraf, und die Ukraine insbesondere, soweit es ihre NATO-Mitgliedschaft anging.

Jedenfalls ist Wladimir Putin von allen Beteiligten – Deutschland, Frankreich und der Ukraine – in seiner Entschlossenheit falsch eingeschätzt wurde, eine NATO-Mitgliedschaft der Ukraine zu verhindern, selbst – wie wir schmerzlich erfahren – auf Kosten eines Krieges.

Ist die Ukraine nur der Auftakt für den Versuch, die beste-
hende Ordnung auf dem europäischen Kontinent, oder gar
weltweit umzustürzen?

In der Tat bin ich der Auffassung, dass der Ukraine-Krieg
ein wichtiges Indiz tiefer greifenden Auseinandersetzung
zwischen dem westlichen Demokratietypus und dem autokratischen Typus ist, dessen Speerspitze Russland und
China sind. Die Ansprüche des russischen Präsidenten,
eine geglaubte, mit Russland entworfene europäische Ordnung nach dem Kalten Krieg in seinem Sinne zu verändern,
deutet auf eine Systemkonfrontation hin. Es ist ein Warn-
zeichen einer längst im Gange befindlichen Konfrontation
über die Frage, wie werden wir in Zukunft leben, in einem
autokratischen oder demokratischen System?

Erst jüngst am Rande der Olympischen Spiele (4.2.2022)
waren sich die Präsidenten Chinas und Russlands einig, den
Einfluss der USA weltweit einzudämmen. Putin hat in vielen Äußerungen, lange vor dem Angriff auf die Ukraine,
nie ein Hehl daraus gemacht, die USA und Europa einander
zu entfremden.

Durch seinen Überfall auf einen souveränen europäischen
Staat hat er das Gegenteil erreicht, nämlich einen Schulter-
schluss zwischen Europa und den Vereinigten Staaten von
Amerika.

Jedoch bleibt das Ziel bestehen. Die euro-atlantische Einheit kann nur zerstört werden durch deren Mitgliedstaaten
selbst. Die größte Gefährdung dieser Einheit geht von den
Vereinigten Staaten aus.

Ich denke zum Beispiel an die Midterm-Wahlen im November 2022. Sollten die Republikaner gewinnen – so wie
es heute aussieht –, wird die Einheit zwischen den USA und
Europa allmählich zerbröseln. Die Europäer sollten sofort
damit beginnen. Ihre Verteidigungsfähigkeit, im Zweifel

auch ohne die USA, sicherzustellen. Von der ökonomischen Potenz können wir das, wenn wir es nur wollen. Die Ereignisse um die Ukraine und die noch nur verbalen Angriffe Putins auf andere Staaten Europas sollten uns zu denken geben.

Was tun?

Sollte es nicht zu einer militärischen Auseinandersetzung, die in einem Dritten Weltkrieg endet, kommen – was ich nicht für ausgeschlossen halte –, dann müssen wir einen modus vivendi mit Russland finden.

Es macht keinen Sinn und ist brandgefährlich, mit immer schärferen Sanktionen Putin in die Enge zu treiben. Da wir nicht wissen, wie er reagiert, wenn der Westen mit seinen Sanktionen an den Grundfesten des russische Systems rüttelt, müssen wir den Dialog mit Russland wieder aufnehmen.

Möglich ist dies aber nur, wenn die Souveränität der Ukraine nicht zerstört wird, wenn auch als neutraler Staat ohne Ambitionen der Nato beizutreten.

In einem künftigen Dialog müssen die Vertreter des Westens stets Putins Weltverständnis einbeziehen. Im wesentlichen bezieht er sich auf zwei Philosophen, die nahe am faschistischen Rande denken, von Putin vielfach zitiert Iwan A. Iljin (1883–1954) und der noch lebende Alexander G. Dugin. Beide predigen einen Kreuzzug Russlands gegen den Liberalismus.

Putin ist in seinem Denken ähnlich gefährlich wie seine beiden bevorzugten Einflüsterer.

Leitkultur – ein verstörender Begriff

Der große spanische Philosoph Ortega y Gasset schrieb im Jahre 1930 in seinem Buch ›Der Aufstand der Masse‹: »Machten wir heute Bilanz unseres unseres geistigen Besitzes – Theorien und Normen, Wünsche und Vermutungen –, so würde sich herausstellen, dass das meiste davon nicht unserem jeweiligen Vaterland, sondern dem gemeinsamen europäischen Fundus [ja, dem gemeinsamen universalen Fundus] entstammt. … Wenn wir uns versuchsweise vorstellen, wir sollten lediglich mit dem leben, was wir als ›Nationale‹ sind … werden wir bestürzt sein, wie unmöglich eine solche Existenz schon ist; …«. Nicht nur ist unsere kulturelle Existenz zum großen Teil ein gemeinsamer europäischer Fundus, ja ein gemeinsamer universaler Fundus.

Einigen wenigen, aber zentralen Elementen wollen wir in gebotener Kürze nachgehen.

Zunächst verweisen wir auf die Würde und Freiheit des Individuums. In Europa – zuerst in England – wurde dieses Prinzip personaler Freiheit zum Bindungsprinzip des Staates entwickelt. Hierbei erwächst konkrete Freiheit aus der Kommunikation mit dem Mitmenschen. Dabei ist Freiheit auch immer die »Freiheit der anders Denkenden«, wie Rosa Luxemburg treffend formulierte.

Als zweites wichtiges Element des gemeinsamen Fundus nennen wir die Rechtsstaatlichkeit, die notwendige Ergänzung und Garantie der Freiheit und der Würde des Menschen, der Rechtsbindung des Staates an die Verfassung, und, hieraus abgeleitet, dem Gesetzesrecht liegt – systematisch gedacht – das sittliche Postulat der Gerechtigkeit ebenso zugrunde, wie sie es beinhalten und stützen sollen

Als drittes ›übergreifendes Element‹ das in unmittelbaren Zusammenhang mit der Würde der Person und der

Rechtsstaatlichkeit steht, ist die soziale Verantwortung gegenüber den Schwächeren in unseren Gesellschaften zu nennen.. Zwar hat das Sozialstaatsprinzip Verfassungsrang, aber zunächst orientiert es sich auf einer Skala europäischer Grundwerte nicht an staatlichem Handeln, sondern vielmehr an der konkreten Bereitschaft zur mitmenschlichen Hilfe im Alltag, wann immer Menschen in Not geraten.

Weitere wichtige transnationale Elemente sind:
• Das Recht auf Selbstverwaltung und die ständige Suche nach Wahrheit.
• Das Recht auf Selbstverwaltung ist durch Jahrhunderte aus griechischen und germanischen Traditionen erwachsen. Stände, städtische Republiken, kommunale Selbstverwaltung, die Zünfte und die Delegation von Macht in unserer westlichen Demokratie lassen sich als Barrieren gegen den Staatstotalitarismus nicht nur in ihren all-europäischen Ursprüngen verfolgen.

Als letztes der ausgewählten, vorwiegend europäischen, Wesenselementen soll hier noch die seit der griechischen Philosophie immer wieder und neu gestellten Frage nach Wahrheit angeführt werden. Die ständige Überprüfung wissenschaftlicher Erkenntnisse, die Suche nach immer neuen Methoden, um dem Wahrheitsanspruch gerechter zu werden, hat sich auch in der ökonomischen Verwertung, im vielfach apostrophierten Fortschritt, insbesondere in den Natur- und Ingenieurwissenschaften niedergeschlagen.

So sehr die Geschichte europäische Identität prägt, so bleibt sie museal, wenn nicht der verantwortungsbewusste Umgang mit der Gegenwart hinzukommt, der Dialog mit dem Anderssein. Der Umgang mit der Gegenwart wird bestimmt durch eine Kultur, die in ihrem weitesten Sinne »die Gesamtheit der einzigartigen geistigen, materiellen, intellektuellen und emotionalen Aspekte« einer Gemeinschaft kennzeichnet. Eine solche Definition schließt nicht nur »Kunst und Literatur ein, sondern auch Lebensformen, die Grundrechte der Menschen, Wertesysteme, Traditionen und Glaubensrichtungen« *(Unesco-Erklärung von Mexiko 1982)*.

Ein solcher moderner Kulturbegriff widerspricht inhaltlich wie auch logisch, wie emotional einem Begriff wie »Leitkultur«. Ein solcher Begriff widerspricht fundamental einer Kultur, die geprägt ist durch den »Umgang mit Differenzen«.

National, europaweit, ja weltweit haben wir es mit ähnelnden Problemen zu tun. Die Politisierung kultureller Unterschiede führt zu immer stärker werdendem Radikalismen und Fundamentalismen. Wir besinnen uns nicht nur zu wenig auf unsere Europafähigkeit, sondern auch auf die Bereicherung unserer Kultur durch Menschen die zu uns kommen und durch Ihre Kultur unsere bereichern.

Europafähigkeit bedeutet, Europa zu verstehen. Verstehen heißt aber, den Nachbarn in seinen Eigenheiten zu begreifen, ihn in seinen Sonderungen zu akzeptieren, sein Anderssein als gleichwertig mit dem Eigensein anzunehmen..

Die Forderung muss also sein, Andersartigkeit, Fremdes, Uneindeutiges, Widerständiges als Bereicherung für die eigene Identitätsbildung und nicht als Bedrohung verstehen zu lernen.

Europa, wie Deutschland als integraler Bestandteil, ist immer dann bei sich selbst, wenn es neugierig und aufgeschlossen ist, die Spannung der Gegensätze kreativ und produktiv gestaltet, sowie durch zuwandernde Menschen mit ihren eigenen Kulturen in seiner unberechenbaren Schöpferkraft gestärkt wird.

Das Beharren auf einer deutschen Leitkultur ist nichts anderes als der Anspruch auf klammheimliche Assimilierung der zu uns Kommenden.

Als Fazit können wir festhalten: In einer immer stärker durchmischten Gesellschaften, geprägt durch ganz unterschiedliche Kulturen, zerstört jeder Anspruch auf eine »Leitkultur« das gesamtgesellschaftliche Zusammenleben. Sowohl diejenigen, die Fremde aufnehmen, wie diejenigen, die zu uns kommen, müssen lernen mit Differenzen umzugehen. Dazu gehört Offenheit und Toleranz anstatt Bedrohung für das Fremde einerseits sowie Toleranz und Bereitschaft, alte gewachsene Kultur der Mehrheitsgesellschaft in das eigene Denken respektvoll einzubeziehen.

Sowohl der Nationalismus von der einen Seite, wie auch die Abschottung von der anderen Seite zerstören jeden unerlässlichen gesamtgesellschaftlichen Zusammenhalt.

[Mai 2024]

Aachener Zeitung

Anmerkungen zum Nahost-Konflikt

»Die Würde des Menschen ist unantastbar«

Der Sieg des Autoritarismus

.

Anmerkungen zum Nahost-Konflikt

Keine Relativierung

Der Angriff der Hamas auf Israel mit seinen menschenverachtenden Methoden und deren Folgen ist ohne jede Einschränkung zu verurteilen. Jede Relativierung ist unzulässig. Aus der komplexen Gemengelage des Konflikts der Hamas mit Israel greife ich zwei mir besonders wichtig erscheinende heraus.

Zum einen sollte der Hass der Hamas auf Israel nicht von Israel im gleichen Sinne beantwortet werden, denn

> »Rache trägt keine Frucht! Sich selbst ist sie
> Die fürchterliche Nahrung. Ihr Genuß
> Ist Mord, und ihre Sättigung das Grausen.«
> *(Friedrich von Schiller, Wilhelm Tell, 5. Akt)*

Zum anderen nähere ich mich einer Antwort auf die Frage, warum erfolgte gerade jetzt der brutale Angriff auf Israel.

Wut, Hass und Rache

So sehr auch die verheerende, menschenverachtende Brutalität des Angriffs der Hamas auf Israel zu verurteilen ist, so sehr müssen uns Reaktionen aus Israel aufschrecken. Pars pro toto zwei nicht unbedeutende Stimmen aus Israel.

Der Verteidigungsminister Israels, Yoav Gallant, äußerte in einem Interview:»Wir kämpfen gegen menschliche Tiere und entsprechend handeln wir.«

Der vormalige Premierminister, Naftali Bennet, antwortete auf eine Frage bei Sky News, ob bei den israelischen

Angriffen nicht auch unschuldige Opfer betroffen seien: »Man kämpfe schließlich gegen ›Nazis‹, war die Antwort. Eine Kollektivschuld der Einwohner des Gaza-Streifens, wo die Hälfte der über zwei Millionen Einwohner Kinder sind #, sind Wut, Hass und Rache selbst in einer solche Ausnahmesituation ein schlechter, ein inakzeptabler Ratgeber.

Selbst, wenn man dies noch aus israelischer Sicht verstehen kann, kann sich die internationale Gemeinschaft, die Israel unterstützt, nicht auf ein solches Niveau herunter ziehen lassen. Dies wäre ganz im Sinne der Hamas. Hass und Rache ist wie eine endlos Schleife, die sich ständig neu erzeugt. Hass und Rache garantieren die Existenzberechtigung der Hamas.

Die internationale Gemeinschaft muss Israel darin bestärken, sein Denken und Handeln, trotz des unendlichen Leids, das die Hamas angerichtet hat, an Werten unseres Demokratieverständnisses auszurichten.

Unser Denken und Handeln muss sich orientieren an der Würde des Menschen, an der Menschlichkeit, dem Fundament unserer in Jahrhunderten gewachsenen Humanität. Diese Werte sind nicht vereinbar, ein Volk, das die Hamas in Geiselhaft genommen hat, zu bestrafen, indem man allen Bewohnern des Gazastreifens – insbesondere auch an die Kinder denkend – lebensnotwendige Ressourcen wie Wasser, Nahrung, Elektrizität und Gas zu entziehen. Dies ist mit internationalem humanistischem Recht unvereinbar. Das Vorgehen Israels in Gaza, insbesondere bei einer möglichen Bodenoffensive ist ohne Verletzung dieses Rechts kaum möglich. Solches als unvermeidbare Kollateralschäden abzutun, ist nur zynisch. Die Unterstützer Israels müsste es überzeugen, dass die Verletzung internationale Rechts in erster Linie Israel selbst schadet.

Die Wahl des Zeitpunkts

»Teheran und Riad sind sich einig, die Verbrechen des zionistischen Regimes gegen die Bevölkerung des Gaza-Streifens zu verhindern.«
Dies verkündete der iranische Außenminister, Hossein Amir-Abdollahian, am 15.10. in Beirut nach einem Gespräch mit seinem saudischen Kollegen.

Fast gleichzeitig teilte Saudi-Arabien mit, die Gespräche mit Israel, die unter der Vermittlung der USA stattfanden, zu stoppen. *(vgl. Spiegel-Online, 15.10.2023)*
Viele Beobachter des Nahen Ostens sehen in diesem Punkt den Hauptanlass der Hamas für den Überfall auf Israel.

In jüngster Zeit, nach der Anerkennung Israels durch Marokko, dem Abkommen mit Bahrein und den Vereinigten Arabischen Emiraten schien eine Annäherung zwischen Israel und Saudi-Arabien möglich. Eine Vereinbarung zwischen Israel und Saudi-Arabien, der bisherigen Schutzmacht der Hamas, musste aus deren Sicht ihre Existenz bedrohen. Diese Gefahr wurde durch den Angriff – wahrscheinlich – auf absehbare Zeit behoben.

Das Ziel Israels ist wohl, die Hamas zu vernichten.

Dies provoziert zwei Fragen:
1. Werden die Beschützer der Hamas diese Vernichtung zulassen oder werden sie durch gemeinsames Eingreifen dies zu verhindern suchen und damit einen Flächenbrand in Nahost auslösen?
2. Wenn es nicht zu einem großen Krieg in Nahost kommt, gibt es auch keine Antwort auf die Frage des langjährigen Nahost-Korrespondenten Richard C. Schneider:

»Was passiert am Tage eins nach diesem Krieg?« (*vgl. Spiegel Online, 15.10.2023)*

Ohne eine Übereinkunft mit den Palästinensern wird es für Israel keine Sicherheit geben.

Immer wieder werden neue radikale Kämpfer nachwachsen.

[Oktober 2024]

»Die Würde des Menschen ist unantastbar«

Auch jeder Flüchtling ist ein Mensch. Der erste Satz des Artikels 1 des Grundgesetzes lautet nicht: Die Würde des deutschen Menschen ist unantastbar. Als am 1. September 1948 der Parlamentarische Rat – 61 Männer und vier Frauen – in Bonn erstmals zusammentraten, wurde bis zuletzt über den Artikel 1 des Grundgesetzes ausführlich und kontrovers diskutiert. Im Entwurf klang der erste Satz noch recht formelhaft und trocken »Der Staat ist um des Menschen willen da, nicht der Mensch um des Staaten willen«. Bei der Endabstimmung setzte sich dann der einzigartige, apodiktische Satz durch »Die Würde des Menschen ist unantastbar. Sie zu achten und zu schützen ist Verpflichtung aller staatlichen Gewalt«

Würde, ein zentraler Begriff europäischer Kulturgeschichte, spätestens seit dem Römischen Reich. Keine Verfassung der Welt beginnt mit einem solch eindeutigen Bekenntnis zur Würde, dem Wert des Menschen.

Würde hat viel mit geistiger Unabhängigkeit und moralischer Stärke zu tun, Begriffe, die für den Nationalsozialismus das Gegenteil und Gefahr für ihre Ideologie darstellten. Viele Mitglieder des Parlamentarischen Rates hatten den Verlust ihrer Würde während dieser Zeit durch das NS-Regime erfahren. Hierzu zählten nicht nur die fünf Mitglieder, die ein Konzentrationslager überlebt hatten, sondern auch solche, die ihr Zuhause und damit die Vertrautheit des Alltags verloren haben« und ihre »Verwandten in den politischen Ghettos zurückgelassen« haben *(Hannah Arendt, 1943)*.

Dieses Gefühl der Verzweiflung, die jeder Flüchtling spürt, der warum auch immer gezwungen ist seine Heimat zu verlassen, wird dieses Gefühl der Verzweiflung spüren. Und uns, die wir zufällig in einem besseren Teil der Welt leben dürfen, fehlen die Antworten. Provoziert durch Populismus, Parolen wie »Deutschland den Deutschen«, Erfolge in Wahlergebnissen driften auch demokratische, staatstragende Parteien in dieselbe falsche Richtung. Nicht die Würde des Menschen, der Schutz sucht, steht im Mittelpunkt unseres Denkens und Handelns, sondern die Frage, wie schiebt man am effektivsten die Verzweifelten zurück in ihr Elend. Die Würde ist zu einer Leerformel verkommen.

Wo liegen die Gründe für die Wahlerfolge der AfD?

Viele Menschen haben Angst vor dem bedrohlich Fremden. Diese Angst ist tief eingeprägt in der menschlichen Psyche. Alles, was fremd ist, verunsichert, macht vorsichtig. Fremdheit verbindet man mit Gefahr.

Der britsch-polnische Soziologe und Philosoph Zygmunt Baumann drückte dies so aus:

»Fremde lösen gerade deshalb Ängste aus, weil sie fremd sind – also auf furchterregende Weise unberechenbar und damit anders als die Menschen sind, mit denen wir täglich zu tun haben und von denen wir zu wissen glauben, was wir von ihnen erwarten können. Nach allem, was wir wissen, könnte der massive Zustrom von Fremden Dinge zerstören [auch unseren Wohlstand gefährden, wb], die uns lieb und teuer sind und unser tröstlich vertrautes Leben verstümmeln oder gänzlich auslöschen (1998).«

Nicht selten laden Menschen ihre Vorurteile auf Flüchtlinge ab: Sie schleppen tödliche Krankheiten ein, wollen unser Sozialsystem ausnutzen und werden als »Sozialschmarotzer« diffamiert. Sie kommen in der Absicht, Europa zu islamisieren. Viele stehen im Dienste des Islam.

Es geht hier nicht darum, die Wähler der AfD zu disqualifizieren. Denn beim einzelnen Wähler kann man die Ängste nachvollziehen, kann man sogar verstehen, dass »fake news«, von der AfD ständig wiederholt, als neue Wahrheiten geglaubt werden.

Völlig unerträglich ist allerdings, in welcher infamen Art und Weise Politiker diese Ängste für ihre Interessen instrumentalisieren. Geradezu epidemisch und beängstigend breitet sich europaweit ein Schüren des Fremdenhasses durch rechtsextreme Parteien aus.

In einigen Ländern ist diese Phobie schon auf der Regierungsebene angekommen, so in Italien, Ungarn und den Niederlanden. Aber kein Land in Europa ist frei von dem Virus des Rechtsextremismus und Rassismus. Dies gefährdet unsere unsere noch demokratische Gesellschaftsordnung. Die Befürchtung ist real, dass das demokratische Lebensmodell, wie wir es in Europa und anderen Teilen der Welt nach 1945 gelebt haben, sich in der Defensive, ja auf dem Rückzug befindet.

Der letzte »Oxford Intelligence Index«, der die Demokratiefähigkeit misst, weist nur noch 7,8 Prozent der Menschen aus, die in einer Demokratie leben.

Die Verunsicherung, die zunehmende Orientierungslosigkeit ist nicht nur der Flüchtlingskrise geschuldet, sonder einem viel tiefer liegenden Krisenmix aus Krieg, Klima, Wohlstandsverlust, Konfrontation zwischen Autokratie und Demokratie. Dieses Mix erzeugt diffuse und reale Zukunftsängste. Für die Populisten sind diese Ängste das Medium, die Menschen weiter zu verunsichern, um Wahlen zu gewinnen.

Was tun?

Was kann die Politik und mit ihr wichtige Kräfte der Gesellschaft dem entgegen setzen?

Ins Zentrum des Umgangs mit Flüchtlingen müssen wir die Verbindung von Person und Würde, zur Vernunft und Würde, nicht nur unserer eigenen, sondern auch der Fremden rücken. Aus der Selbstachtung erwächst somit Achtung für die Anderen, eine gegenseitige gleiche Achtung aller Mitglieder der Gesellschaft. Der große Naturphilosoph und Humanist Samuel von Pufendorf fasste diesen Gedanken 1672 so zusammen: »Wer also sich selbst als Menschen achtet, der muß allen Menschen gegenüber seine Achtung bezeugen«.

Als Grundsatz einer Gesellschaft, die Fremde aufnimmt, ja aufnehmen muss – eine Abschottung ist unmöglich – muss gelten: Die Aufnahme von Fremden mit ihren andersartigen Kulturerfahrungen stört nicht, sondern im Gegenteil sie bereichert die aufnehmende Gesellschaft. Dieser Gedanke widerspricht jeder Assimilation, der nach wie vor Teile unserer Gesellschaft anhängen. In deren Sicht wird sie als geeignetes Mittel angesehen, Ankommende aufzunehmen und zu integrieren. Ein Beleg dafür ist die jüngste Diskussion über eine deutsche Leitkultur.

Assimilation bedeutet »ähnlich machen«. Die Fremden müssen werden, wie wir selbst sind. Sie müssen sich wandeln durch Anpassung, keine selbstbestimmte Wandlung, sondern eine durch Zwang. Der Ansatz einer Assimilation geht von einer Hierarchie der Werte und Lebensformen aus.

Nur eines für gelingende Integration ist unerlässlich, dass die Ankommenden die Sprache des Gastlandes lernen. Ohne Sprache keine Verständigung, ohne Verständigung keine Integration.

Das Bestreben nach kultureller und ideologischer Homogenität einer Bevölkerung, das unselige Erbe des Nationalstaates , ist eine Illusion.

Eine geordnete Integration kann nur gelingen, wenn von der Gleichwertigkeit des Eigenen und des Fremdem, einem Interessenausgleich ausgegangen wird.

Wenn wir nicht unsere eigene Würde, unsere Moral und unsere Verpflichtung gegenüber seit Jahrhunderten gelernten europäischen Werten als hinreichenden Grund für die Aufnahme fremder Menschen anerkennen, so müssen uns ökonomische Gründe überzeugen.

Zur Zeit leben in der Bundesrepublik ca. 20 Millionen Menschen mit Migrationshintergrund. Sie tragen mit einen nicht unerheblichen Beitrag zu unserem Wohlstand bei. Der Anteil der 60-Jährigen in Europa nimmt pro Jahr um ca. zwei Millionen Menschen zu, gleichzeitig singt die Zahl der Arbeitenden um ca. eine Million *(vgl. SZ 2016)*.

Fazit

Niemand stellt infrage, dass eine Lösung der Flüchtlingskrise nur auf der gesamteuropäischen Ebene lösbar ist. Aber genau so fraglos ist, dass seit Jahrzehnten keine Einigung in Europa erreicht wurde, insbesondere über deren gerechte Verteilung. Diese doppelte Erkenntnis zeigt, dass Europa einen Komplettumbau für eine zukunftsfähige Integrationspolitik braucht. Dieser Umbau muss sich an internationalen Abkommen und europäischen Wertvorstellungen ausrichten. Der Schlüssel eines Verteilungssystems muss sich an der Wirtschaftskraft der Mitgliedstaaten orientieren. Mitglieder, die sich sperren, Flüchtlinge aufzunehmen, werden dadurch sanktioniert, dass sie an die aufnehmenden Länder einen Ausgleich von ca. 20.000 € pro Jahr und

Flüchtling zu zahlen haben. Damit dies auch passiert, werden die zu zahlenden Gelder direkt von zustehenden Subventionen abgezogen.

Nur durch das Ineinandergreifen einer menschenwürdigen Integrationspolitik, gekoppelt an ein gerechtes Verteilungssystem innerhalb der Europäischen Union – der entstehende Konflikt muss ausgetragen werden – ist ein Komplettumbau möglich.

Das Fundament einer EU-Migrationspolitik ist Humanität, die nicht verhandelbar ist.

[Oktober 2024]

Der Sieg des Autoritarismus

Mit dem Wahlsieg Ronald Trumps am 5. November haben sich die USA in die zunehmende Reihe weltweiter Autokraten eingereiht. Mit dieser Wahl nimmt die älteste Demokratie der Welt einen Richtungswechsel vor, von der liberalen Demokratie hin zur Autokratie.

Zwar mögen auch wirtschaftliche Gründe eine gewisse Rolle gespielt haben, wie Inflation, Abstiegsängste der Mittelschicht, stark zugenommene Zuwanderung, das Gefühl junger Menschen, ihnen würde die Zukunft gestohlen. All diese Gründe werden auch unser Wahlverhalten beeinflussen.

Jedoch mir scheint die Ursache vor allem in der zunehmenden Orientierungslosigkeit der US-amerikanischen Gesellschaft zu liegen und dem weltweiten Trend einer Sehnsucht der Menschen nach einer starken Führung. Auch wir sind von diesem epidemisch sich ausbreitenden Virus betroffen. Nicht nur in Ungarn ist das Virus schon angekommen, wie die euphorische Gratulation Viktor Orbáns an Donald Trump zeigt.

Dieser Gedanke des sich epidemisch ausbreitenden Virus des Autoritarismus provoziert eine Reihe tiefer liegender Fragen:

- Wie ist es möglich, dass große Nationen in die Hände eines Tyrannen fallen können?
- Warum akzeptieren viele Menschen die Lügen eines Mannes, der ihrem Land solchen Schaden zufügt?
- Wozu lassen sich Menschen verführen und hinreißen, die einem Aufwiegler folgen?
- Warum möchten Menschen einem Hass säenden Psychopathen ähnlich sein und ihm bis zum Aufruf der Gewaltanwendung unterwürfig folgen?

Der Harvard-Literaturwissenschaftler Stefan Greenblatt hat in einem bemerkenswerten Buch, das Wesen solcher Tyrannen meisterhaft herausgearbeitet und gezeigt, dass sie immer, jederzeit und an jedem Ort, zuschlagen können. Am Beispiel Shakespeares Richard III. zeigt er, wie verblüffend ähnlich sich der Tyrann des 15. und des 21. Jahrhunderts ist. Es ist eine Warnung an alle, die sich nicht verführen lassen wollen. Es gibt offenbar so etwas wie zeitlose Charakterzüge des Tyrannen, ob er Richard III. oder Donald Trump heißt, geprägt durch »die grenzenlose Selbstliebe, das Brechen von Gesetzen, die Lust am Zufügen von Schmerz, das zwanghafte Bedürfnis, Überlegenheit zu spüren. Er ist ein pathologischer Narzisst und im höchsten Maße arrogant. Er verfügt über eine groteske Anspruchshaltung und hat nie einen Zweifel daran, dass er tun kann, was er will. Er brüllt gerne Befehle und sieht, wie seine Untergebenen sie hastig ausführen. Er erwartet unbedingte Loyalität ist aber unfähig zur Dankbarkeit. Die Gefühle anderer bedeuten ihm nichts. Er hat keinen natürlichen Anstand, keine Vorstellung von Mitmenschlichkeit, kein Schamgefühl.

Das Gesetz ist ihm nicht nur gleichgültig, er hasst es, und es bereitet ihm vergnügen, es zu brechen. Er hasst es, weil es ihm im Wege steht und eine Idee von Gemeinwohl verkörpert, die er verachtet. Er teilt die Welt in Sieger und Verlierer ein. Die Sieger erwecken seine Anerkennung, sofern er sie für seine Zwecke nutzen kann, die Verlierer erregen nur seinen Spott. Das Gemeinwohl ist etwas, von dem nur Verlierer reden. Er redet lieber von Gewinnen.

[…] Er liebt es, andere zu demütigen und zu quälen. Leicht reizbar, schlägt er nach jedem, der ihm in den Weg kommt. Es gefällt ihm zu sehen, wie sich jemand windet, zittert oder vor Schmerz zusammenzuckt. Er hat ein Talent dafür, Schwächen zu erkennen und versteht es, Spott und Beleidigung auszuteilen. Diese Fähigkeit ziehen Anhänger an, die dieselbe grausame Freude empfinden, auch wenn sie nicht seine Meisterschaft darin erreichen. Obwohl sie wissen, dass es gefährlich ist, helfen sie ihm. Sein Ziel zu erreichen, nämlich den Besitz der höchsten Macht.

Zum Besitz von Macht gehört die Beherrschung von Frauen, aber er verachtet sie weit mehr, als dass er sie begehrt. Sexuelle Eroberung erregt ihn, aber nur als endlos wiederholter Beweis, alles haben zu können, was er will. Er weiß, dass die, die er begrapscht, ihn hassen. Ja, sobald er die Macht erlangt hat, die ihn politisch wie sexuell so anzieht, weiß er auch, dass ihn eigentlich jeder hasst. Zunächst gibt ihm dieses Wissen Energie, versetzt ihn in eine Art fieberhafte Wachsamkeit gegenüber Rivalen und Verschwörungen. Doch bald beginnt es an ihm zu nagen und ihn auszuzehren.

Früher oder später wird er zu Fall gebracht. Er stirbt ungeliebt und unbeweint.« *(Greenblatt, 65f.)*.

Wie sehr die Boshaftigkeit eines einzelnen Menschen eine ganze Nation in den Abgrund führt, haben wir Deutsche schmerzhaft erfahren müssen. Wie tief die USA nun in den Abgrund schauen, werden wir in den nächsten Jahren, auch in Europa, erleben müssen.

Wie sehr hat sich der vormalige Literaturnobelpreisträger, Sinclair Lewis, doch getäuscht, als er 1935 über die Möglichkeit einer Machtergreifung des Faschismus in den USA wie in Deutschland das Buch schrieb »Das ist bei uns nicht möglich«.

[November 2024]

Beiträge Online
eyes of europe/
elcor international

Innenpolitik der Bundesrepublik

Zum Deutschlandbild der Briten

Die Insel und das Festland

Nachlese zur Bundestagswahl 2017

Eine Minderheitsregierung

Eine Koalition des Fortschritts

Zum Deutschlandbild der Briten

Vorbemerkung

Vor 50 Jahren, 1965, besuchte zum ersten Mal seit 1909 ein britisches Staatsoberhaupt Deutschland. Zwei Weltkriege hatten das deutsch-britische Verhältnis gründlich zerrüttet. Zwanzig Jahre nach dem 2. Weltkrieg reisten Elisabeth II. und Prinz Philip 11 Tage durch die Bundesrepublik, um sich ein Bild von dem neuen Deutschland zu machen und die britisch-deutschen Beziehungen zu entkrampfen.

Der Besuch der Königin war nicht nur eine Geste der Versöhnung, sondern verfolgte auch handfeste politische Interessen. Die von Großbritannien dominierte Freihandelszone (EFTA) hatte der Dynamik der Europäischen Wirtschaftsgemeinschaft (EWG) nichts entgegenzusetzen. Großbritanien wollte Mitglied werden und hoffte, nach dem Rücktritt Adenauers, die Bundesrepublik als Unterstützer zu gewinnen.

Während sich die Regierungen um Annäherung bemühten, wurde der Besuch der Königin in der veröffentlichten Meinung sehr kontrovers diskutiert.

Zwanzig Jahre nach Kriegsende

Immer wieder nahm die britische Presse besondere Ereignisse in der Bundesrepublik zum Anlass, Fragen zu diskutieren wie zum Beispiel: Sind die Deutschen lernfähig? Haben sie sich geändert? Gibt es einen bösartigen deutschen Nationalcharakter? Ist die deutsche Jugend anders als ihre Vorfahren?

Bis heute tauchen solche Fragen immer wieder auf, allerdings mit abnehmender Tendenz. Die ersten 20 Jahre nach

Kriegsende bis zum Besuch der Königin waren geprägt von antideutschen Vorurteilen. Die Schändung des jüdischen Friedhofs in Köln zum Jahreswechsel 1959/60, der Eichmann-Prozess, die Spiegel-Affäre, die deutsche Wiederaufrüstung, die Wahlerfolge der NPD und Ähnliches boten Anlass genug, sich jeweils grundsätzlich mit den Deutschen auseinanderzusetzen.

Obwohl sich jedes pauschale Urteil verbietet, kann man die Meinungen über Deutschland verallgemeinernd so zusammenfassen:

Für die Massenpresse (Popular Press) überwiegen bei der Beschreibung der Deutschen Adjektive wie: militant, nationalistisch, brutal, perfektionistisch, arrogant, ungeschliffen, unterwürfig, humorlos. Was besonders bedrückt, ist die durchgängige Meinung, dass auch die Nachkriegsgeneration nicht differenziert beurteilt wird, weil der deutsche Volkscharakter von Grund auf bösartig sei.

Auf ganz anderem Niveau betrachtet die seriöse Presse (Serious Press) die Deutschen. Ein einheitlich stereotypes Deutschlandbild fehlt dort. Zwar ist auch für die Qualitätspresse der Nazi-Virus nicht ausgerottet, der politische Stil nicht durchgängig demokratisch, die Rechte von Minderheiten wenig respektiert. Der Umgang mit der Schuld Deutschlands und deren konstruktive Aufarbeitung wurde nicht geleistet. Allerdings wird hier durchgängig festgestellt, dass man der neuen Generation, die sich deutlich von der alten unterscheide, eine faire Chance einräumen müsse.

Die nächsten fünfzig Jahre

Nach 1965 besuchte die britische Monarchin noch dreimal die Bundesrepublik, in den Jahren 1978, 1992, 2004. Während dieser Zeit hellte sich das Deutschlandbild in Großbritannien mit und mit auf.

Der Meilenstein zum Positiven war die Kanzlerschaft Willy Brandts. In der veröffentlichten Meinung Großbritanniens gab es keinen deutschen Politiker nach dem Kriege, der einer ähnlichen Hochachtung, ja Verehrung, sicher war, wie dieser vormalige Bundeskanzler.

Konrad Adenauer besaß einen etwa gleich großen Bekanntheitsgrad wie Willy Brandt. Jedoch fiel die Beurteilung beider Staatsmänner unterschiedlich aus. Mit Adenauer verbanden sich Vorstellungen an den »alten Fuchs«, der es verstanden habe, die Bundesrepublik aus einer ausweglos erscheinenden Situation heraus- und in die Völkergemeinschaft zurückzuführen. List, Verschlagenheit, Festigkeit, ja Sturheit und ein unüberwindbares Misstrauen gegenüber den Briten zeichneten den ersten deutschen Kanzler aus.

Zunächst wird Willy Brandt mit Berlin und dessen Bewahrung der Freiheit assoziiert. Berlin galt als die deutsche Stadt, wo auch die britische Freiheit verteidigt wurde. Ernst Reuter und Willy Brandt waren die Repräsentanten eines anderen Deutschland, die in den großen Krisen um Berlin 1948, 1959 und 1961 als Symbole für Mut und Entschlossenheit galten.

Zu Beginn der Kanzlerschaft Willy Brandts, die mit ungeteiltem Beifall in der gesamten britischen Presse begrüßt wurde, endete die bis dahin bestehende grundsätzliche Skepsis gegenüber den Deutschen. Er ist der Vertreter eines anderen, eines besseren Deutschland. Unter Einsatz seines Lebens habe er das Hitler-Regime bekämpft. Dieser Kampf war gleichbedeutend mit einem Kampf für Freiheit, Moral und Recht.

Besonders positiv wird die Aussöhnung der Regierung Brandt mit Polen und der Sowjetunion gewürdigt. Damit

sei ein für allemal dem deutschen Revanchismus abge-
schworen worden.

Mit der sozial-liberalen Koalition 1969 hat für »The
Times« die Bundesrepublik ihre demokratische Reifeprü-
fung bestanden. Zum ersten Mal sei nach 1945 durch den
Wählerwillen ein ordnungsgemäßer Übergang von der Opposition zur Regierung erfolgt.

Eine weitere Zäsur im britisch-deutschen Verhältnis trat
1973 mit dem Beitritt Großbritanniens zur EWG ein, nachdem er zweimal, 1963 und 1965, am Veto De Gaulles gescheitert war. Das Deutschlandbild wandelte sich. Die bis
dahin eher bilaterale wird durch eine stärker multilaterale,
europabezogene Sichtweise abgelöst. Obwohl Deutschland
von Europa nicht mehr getrennt zu sehen ist, werden nach
wie vor alte Ressentiments wach. Britische Antipathie paart
sich mit grundsätzlicher Europaskepsis auf dem rechten
und linken Parteienspektrum.

Immer wieder taucht das Schreckgespenst der Vergangenheit auf. So antworten von den Briten 1992 in einer Umfrage, ob der »Nationalsozialismus oder etwas Ähnliches«
in Deutschland wieder passieren könne, 53 Prozent mit »ja«
und nur 31 Prozent mit »nein«. Dies hat sicher auch damit
zu tun, dass Margret Thatcher nach der Wiedervereinigung
vor einem »Vierten Reich« warnte, mit dem Hinweis auf
den deutschen Nationalcharakter. Die Angst war verbunden
mit der Vorstellung, ein wiedererstarktest Deutschland könne einen föderalen europäischen Bundesstaat übernehmen,
ein spätes »Hitler-Europa«.

Die Weltmeisterschaft 2006 veränderte nochmal das
Deutschlandbild positiv. Die Briten waren verblüfft. Bis dahin hielten sie es nicht für möglich, dass die Deutschen so
locker, so fröhlich, so wenig verbissen, so ausgelassen und
natürlich sein könnten.

Wenn in diesen Tagen Elisabeth II. ihren fünften Nachkriegsbesuch in fünfzig Jahren abstattet, sind die alten Klischees der Briten weitgehend verblasst. Der linksliberale »Statesman« titelte sogar im Mai 2013: »Warum können wir den Deutschen nicht etwas ähnlicher sein?«

[Mai 2015]

Die Insel und das Festland

Natürlich gehört Großbritannien geographisch zu Europa. Ob mehr als geographisch will die nachfolgende Untersuchung zeigen.

Prolog

Im zweiten Akt des Königsdramas, Richard II (1367–1400) lässt Shakespeare (1564–1616) Johann von Gaunt (1340–1399), den Oheim des Königs schwärmen:

> »Dies Land voll Majestät, der Sitz des Mars,
> Ein zweites Eden, halb ein Paradies,
> Das die Natur für sich zur Festung schuf,
> ...
> Die wohlgeratenen Menschen, diese kleine Welt,
> Dies Kleinod, in die Silbersee gefaßt,
> ...
> Der holde Ehrenfleck, dies Reich, dies England,
> ...
> Dies von des Meeres Pracht umfaßte England, ...«

Vorbemerkung

Diese »Differenz ums Ganze« macht die Insel England in Abgrenzung zum Festland aus. Durch die Jahrhunderte bis heute zu prägt das Bewußtsein, etwas Besonderes, anders als die Europäer vom Kontinent zu sein, die Politik Großbritanniens. Nur, wenn die Sonderstellung in Gefahr geriet, verbündete sich England jeweils mit einer europäischen Macht, um gegen eine andere das Gleichgewicht wieder herzustellen.

Als herausragende Beispiele hierfür können die drei großen Kriege der letzten 225 Jahre genannt werden: der Krieg gegen Napoleon, der Erste und der Zweite Weltkrieg als die Urkatastrophen Europas.

In den beiden letzten Kriegen zeigte sich deutlich, wie auch im Irak-Krieg, dass für Großbritannien die besonderen Beziehungen zu den Vereinigten Staaten von Amerika Vorrang vor Europa haben. Die politische Rangfolge war immer und ist bis heute zu: Erst das Commonwealth, dann die USA und danach an dritter Stelle Europa. Europa war naher, aber dennoch fremder Nachbar, es gehörte nicht zur Familie.

Schon im Frieden von Utrecht, 1713, der den spanischen Erbfolgekrieg beendete, formulierte der britische Premierminister, Lord Bolingbroke (1678–1751) als Unterhändler der Friedensverhandlungen:»Seien wir allzeit eingedenk, dass wir Nachbarn des Festlandes sind, nicht aber Teil von ihm; dass wir Europa zugeordnet sind, ihm aber nicht angehören.«

Winston Churchill (1874–1965) wiederholte diesen Gedanken seines Vorgängers 1930 in seinem Essay über »Die Vereinigten Staaten von Europa«, wenn er ausführte:»Wir stehen zu Europa, gehören aber nicht dazu; wir sind verbunden, aber nicht enthalten; wir sind interessiert und assoziiert, aber nicht absorbiert; wir gehören zu keinem einzelnen Kontinent, sondern zu allen.«

Diese Zustandsbeschreibung entsprang dem Bewußtsein, eine Weltmacht zu sein, eine imperiale Macht mit einem riesigen Commonwealth.

Die Zeit von 1945 bis zum Beitritt 1973

Auch nach dem Zweiten Weltkrieg wiederholte Curchill diesen Gedanken in seiner berühmten Rede vor der akademischen Jugend in Zürich, am 19.September 1946. Dort forderte er, so etwas zu schaffen wie die »Vereinigten Staaten von Europa« mit einem »geistig großen Frankreich« und einem »geistig großen Deutschland« als führende Mächte.

»Großbritannien, das Britische Commonwealth of Nations, das mächtige Amerika und, ich hoffe Sowjetrußland ... müssen die Freunde und Förderer des neuen Europa sein ...«

England unterstützt Europa wohlwollend in der Notwendigkeit, sich zu vereinigen, will aber selbst nicht Teil davon sein.

Auch während der Verhandlungen über die Montanunion 1951 und die Europäische Wirtschaftsgemeinschaft lehnte England das Angebot der sechs Gründerstaaten zur Teilnahme ab. Der belgische Außenminister Paul-Henri Spaak (1899–1972) reiste persönlich nach London, um die Briten zur Messina-Konferenz 1957 einzuladen. Er erhielt eine ziemlich arrogante Abfuhr mit den Worten: »Es kann natürlich keine Frage sein, dass wir uns jemals einer supranationalen Organisation anschließen werden.«

Die Europäische Wirtschaftgemeinschaft (EWG) trat am 1. Januar 1958 in Kraft.

Als Großbritannien die wirtschaftliche Dynamik, die dieser Zusammenschluss auslöste, wahrnahm, versuchte es 1960 mit der Gründung der Freihandelszone (EFTA) dagegenzuhalten. Es lag im Interesse Großbritanniens, dass die EWG erfolglos blieb. Das Gegenteil war der Fall. Wenn England schon nicht den wirtschaftlichen Aufschwung der EWG von Außen verhindern konnte, war die zweitbeste

Lösung, Mitglied zu werden und von Innen heraus, seine Interessen einzubringen.

Im August 1961 stellte der britische Tory-Premier, Harold Macmillan (1894–1986), und im Mai 1967 der Labour-Premier, Harold Wilson (1916–1995) einen Antrag auf Beitritt. Beide Male scheiterten die Briten am Veto von Charles de Gaulle (1890–1970). De Gaulle sah durch einen britischen Beitritt nicht nur die Machtarchitektur in der EWG gefährdet, sondern für ihn war Großbritannien in der EWG das trojanische Pferd der wenig geliebten US-Amerikaner. Die Wirtschaft der EWG prosperierte mehr und mehr, während die Wirtschaft Großbritanniens schwächelte. Der Tory-Premier Edward Heath (1916–2005), ein überzeugter Europäer, gewann überraschender Weise 1970 die Unterhauswahlen. Nachdem die Staats- und Regierungschefs der EWG auf ihrer Haager Gipfelkonferenz eine Erweiterung der EWG beschlossen hatten, wurden Großbritannien, Irland und Dänemark am 1. Januar 1973 Vollmitglied. Die Norweger stimmten in einer Volksabstimmung gegen eine Mitgliedschaft.

Großbritannien in der Gemeinschaft

Die Briten hatten ihr Ziel erreicht, die Vorteile eines immer größer werdenden Marktes und damit die Stärkung des Freihandels zu genießen.

An den zwei zentralen britische Interessen durch die Jahrhunderte hatte sich durch den Beitritt nichts geändert, nämlich, über das Kräftegleichgewicht in Europa zu wachen und alle Hindernisse für einen Freihandel möglichst vollständig zu beseitigen.

Auch als Mitglied der EWG/EU waren diese beiden Interessen für Großbritannien vordringlich. Zum Einen verstand sich Großbritannien als Gegengewicht gegen eine deutsch-französische Dominanz, zum Anderen als Hüterin eines möglichst freien Handels.

Nach meiner Auffassung findet diese Haltung nirgend besser ihren Ausdruck als in der Rede der vormaligen britischen Premierministerin, Margret Thatcher (1925–2013), am 20. September 1988 vor dem Europa-Kolleg in Brügge. Dort fand eine »rüde Abrechnung mit geheiligten Gemeinschaftsidealen« statt, wie eine Woche später »Der Spiegel« formulierte. Die Rede ist durch und durch neoliberal und im Sinne der Gründerväter anti-europäisch. Die Eiserne Lady machte schnörkellos klar, dass sie sich nur ein »Europa der Vaterländer«, wie einst De Gaulle, vorstellen kann, ein Europa der Deregulierung, der vollkommenen Liberalisierung, des Rückzugs des Staates, ein Europa ohne Zentralbank, mit Grenzkontrollen, ohne Kompetenzen für Brüssel, ein Europa als »freiwilligen Zusammenschluss unabhängiger souveräner Staaten.« Ihr Horror ist der europäische Superstaat unter der Dominanz Brüssels.

Verfolgt man die Politik Großbritanniens in der EU nach Thatcher, so kommt man zu der Überzeugung, dass die Briten nach wie vor mit der Verwirklichung »einer immer engeren Union« nichts zu tun haben. Erstaunlich ist nur, dass die anderen Mitgliedstaaten Cameron eine »formale, bindende und irreversible Garantie« gegeben haben, dass Britannien sich an diesen seit über 60 Jahren in allen Verträgen wichtigen Präambelsatz nicht zu halten braucht.

Mit dieser Konzession an ein fragwürdiges Referendum hat die Union nicht nur ein von Anfang an verfolgtes Ziel der Briten akzeptiert, sondern sie hat mit dieser Konzession einen ihrer zentralen Grundsätze aufgegeben und einen Prozess der allmählichen Zerbröselung eingeleitet.

Schon seit Ende der 90er Jahre wurde Großbritannien mehr und mehr ein amputiertes Mitglied der Gemeinschaft:

- es beteiligte sich nicht an der Währungsunion,
- es lehnte das Schengen-Abkommen ab,
- es verhinderte eine engere Zusammenarbeit in der Verteidigung (WEU),
- es erreichte ein Veto in einer stärkeren Zusammenarbeit in Justiz und Innerem,
- es verhinderte Mehrheitsbeschlüsse in der Außenpolitik,
- es widersetzte sich jedem Fortschritt hin auf eine politische Union.

Drei Zitate mögen illustrieren, mit welcher Arroganz David Cameron sein Ziel verfolgt, an der Macht zu bleiben, denn das ist der eigentliche Grund für das Referendum. Stimmt eine Mehrheit für den Austritt, dann verliert er die Macht.

»Die EU ist ein Werkzeug, das wir benutzen können, um die Macht unseres Landes in der Welt zu fördern und britische Interessen voranzubringen.«

Oder in Abwandlung des berühmten Kennedy-Zitats: »Frage nicht, was Britannien für Europa tun kann, frage, was Europa für Britannien tun kann.«

Oder »Ich habe einen Deal verhandelt, um dem Vereinigten Königreich in der EU einen Sonderstatus zu geben.«

Fazit

»Die Zeit« vom 9. Juni 2016 hat 12 britische Künstler und Intellektuelle nach ihrer Meinung zum Austritt aus der oder zum Verbleib in der EU befragt. Die Antworten spiegeln die jahrhunderte alte Zerrissenheit in Britannien wider, ob man Teil Europas oder nur sein Nachbarn sein will.

Wird in Britannien noch immer der Traum geträumt, »dass Großbritannien wieder so bedeutend werden könnte, wie es einmal war.« *(Timothy Garton Ash, Historiker in Oxford)*

Die Briten fühlen sich »unabhängig und außergewöhnlich«, weil sie »nicht Teil des Festlands sind, sondern eine eigene Insel haben.« *(Rick Astley, Musiker)*

Die »Bedingungen für einen Verbleib wären: Der Stabilitäts- und Wachstumspakt wird verworfen, die EZB wird demokratischer Kontrolle unterworfen, die Beschränkungen in Bezug auf Verstaatlichung und staatliche Beihilfen werden aufgehoben und die EU-Kommission wird abgeschafft.« *(Paul Mason, Journalist)*

Ein Votum für den Verbleib wird »die Little Englanders nicht zum Schweigen bringen, und so werden sie auch künftig der EU alles Böse in der Welt anlasten und ihre degenerierten, veralteten Hirngespinste über die engliche Identität propagieren.« *(Simon Critchler, schottischer Philosoph an der New School New York)*

Eines hat diese Untersuchung gezeigt, dass seit Jahrhunderten die Beziehungen noch immer nach dem alten Denkmuster ablaufen: Wir Briten hier, ihr Europäer dort.

Solange sich dieses Bewußtsein nicht ändert, verbleiben wir in dem Dilemma, in dem wir uns befinden, völlig unabhängig davon, ob die Briten am 23. Juni 2016 für Verbleib oder Austritt stimmen.

Sprechen sie sich für Verbleib in der EU aus, dann bleibt Britannien wie bisher ein Störfaktor in dem Bestreben, die EU in eine »immer engere Union« weiterzuentwickeln. Eine notwendige politische Union ist mit Großbritannien nicht zu machen.

Sprechen sich die Briten für einen Austritt aus, dann verliert die EU zwar einen Teil seiner Wirtschaftskraft, jedoch gewinnt sie Unabhängigkeit in ihrem Zukunftshandeln. Sie kann mit den Mitgliedern, die dem britische Beispiel nicht folgen, Europa neu denken, ein anderes Europa, das nicht nur ökonomische Interessengemeinschaft ist, sondern ein Europa, dass seine in 700 Jahren erkämpften Werte Freiheit, Gleichheit, Solidarität und Rechtsstaatlichkeit ohne Überheblichkeit in eine globalisierte Welt verantwortungsvoll einbringt.

Das Europa der Zukunft wird föderal und humanistisch oder es wird gar nicht sein.

[Juni 2016]

Nachlese zur Bundestagswahl 2017

Vorbemerkung

Die Wahlen vom 24. September 2017 haben Deutschland verändert. Zum ersten Mal nach 1945 wird von einer großen Wählergruppe das bisherige Modell Deutschland infrage gestellt. Neu ist auch, dass deren Vertreter mit einer so hohen Repräsentanz im Deutschen Bundestag vertreten sind. Damit haben sie ein besonderes Forum für die Verbreitung ihrer weitgehend unausgegorenen, rechtspopulistischen Ideen.

Wo liegen die tieferen Ursachen dafür, dass fast 13 Prozent der Wähler eine Partei gewählt haben, die am rechten Rand der Gesellschaft angesiedelt ist? Woran hat es gelegen, dass die Regierungsparteien etwa 14 Prozent ihrer Wähler verloren haben? Ich gehe von der These aus, dass es in erster Linie nicht an den Kandidaten gelegen hat, dass das Wahlergebnis für die beiden großen Parteien so verheerend ausgefallen ist. Wahlerfolge und Wahlniederlagen verbindet man meist mit Personen, weil man vorschnell der Öffentlichkeit einen Sündenbock präsentieren will. Es erspart – zumindest für den Augenblick – die Anstrengung, sich mit den Fehlern zu beschäftigen, die während 12 Jahre große Koalition, oder gar die Fehler zu analysieren, die seit der Wiedervereinigung gemacht worden sind.

Im Folgenden mache ich den Versuch, auf vier Feldern den Ursachen für das Wahldesaster nachzugehen, Felder auf denen die Politik die Menschen orientierungslos zurückgelassen hat. Im fünften Teil schaue ich näher auf die Sozialdemokratie:

- Der fehlende Respekt für die Menschen der DDR bei der deutschen Wiedervereinigung

- Die immer weiter zunehmende Ungleichheit in der bundesrepublikanischen Gesellschaft
- Die zunehmende Verunsicherung der Menschen durch die Globalisierung
- Die fehlende Vision von einem zukünftigen Europa
- Die Krise der Sozialdemokratie in ganz Europa

Der Fehlende Respekt

In 27 Jahren haben wir es nicht geschafft, in Ost und West gleiche Lebensverhältnisse herzustellen, trotz enormer materieller Transferleistungen. Auch ist es nicht gelungen, in der bundesrepublikanischen Gesellschaft die Schere zwischen Arm und Reich zu schließen, nein, sie hat sich weiter geöffnet.

Die Ursachen für das Auseinanderdriften in beiden Deutschlands – ein Deutschland gibt es offenbar noch immer nicht – gründen nicht in erster Linie im Materiellen sondern vielmehr im Bewusstsein. Der Geburtsfehler beim Zustandekommen der deutschen Einheit, lag in der politischen Entscheidung, statt der Erarbeitung einer gemeinsamen Verfassung den Anschluss zu verfolgen. Bewusst haben die Mütter und Väter des Grundgesetzes beschlossen, dieses als Provisorium solange beizubehalten bis das gesamte deutsche Volk sich eine Verfassung geben kann.

Der Anschluss war lediglich eine Kopie dessen, was bis dahin in der alten Bundesrepublik gut funktionierte. Es entstand nichts Neues. Der Westen berücksichtigte nicht, dass 17 Millionen Deutsche – wenn auch nicht alle – anders sozialisiert wurden als diejenigen im Westen. Selbst, wenn das System nach unseren Maßstäben ein Unrechtssystem war, hätten wir uns auf andere Weise damit auseinandersetzen sollen. Zwei Welten prallten aufeinander. Menschen mit unterschiedlichen Lebenserfahrungen und -entwürfen, mit unterschiedlichen Identitäten verstanden sich nicht und sind sich noch heute teilweise fremd. Identitätszerstörungen und Entwertungen von Lebensgeschichten erzeugten und erzeugen offenbar immer noch tiefsitzende Ressentiments. Dies ist ein wesentlicher Grund dafür, dass leider noch nicht zusammengewachsen ist, was zusammen gehört.

Zweifelhafte Methoden der Treuhand, Abwicklung der Universitäten, möglichst Auslöschung von allem, was die DDR in 40 Jahren teil besser gemacht hat als die Bundesrepublik, wie z.b. die Gleichberechtigung von Mann und Frau, gleicher Lohn für gleiche Arbeit, kaum Arbeitslosigkeit, billiger Urlaub, seit 1958 gesetzlicher Mindestlohn. Es geht nicht darum, das Repressionssystem der DDR zu verharmlosen, es geht um Anerkennung individueller Lebensleistungen, die teilweise größer waren als bei Bürgern der Bundesrepublik. In der DDR wurden Leistungen unter erheblich schwierigeren Bedingungen erbracht.

Gesellschaftliche Ungleichheit

Neben der fehlenden Sensibilität liegt die zweite Ursache in der nach wie vor gesellschaftlichen Ungleichheit in der Bundesrepublik, ja, sie ist nach der Wiedervereinigung größer geworden. In den alten wie auch den neuen Bundesländern hat der Reichtum zugenommen. Jedoch ist er nur bei wenigen angekommen, obwohl alle zum Erfolg beigetragen haben. In der Bundesrepublik besteht eine Gerechtigkeitslücke. An drei Beispielen will ich das konkretisieren: Bildungsgerechtigkeit – Verteilungsgerechtigkeit – Generationengerechtigkeit. Diese Beispiele gelten nur als pars pro toto, weil in großen Teilen der Bevölkerung ein dumpfes Gefühl vorherrscht, es gehe in Deutschland grundsätzlich ungerecht zu. Verstärkt wurde dieses Gefühl durch die Zuwanderung der Flüchtlinge. Die Benachteiligten in unserer Gesellschaft haben den Eindruck – obwohl sicher unberechtigt – die Aufnahme so vieler Fremder und deren Betreuung verschärfe ihre ohnehin schon prekäre Lage zusätzlich.

Bildungsgerechtigkeit

Die Ausschöpfung der Potentiale jeder und jedes einzelnen ist eine der vordringlichste Aufgaben der Politik. Nur mit Bildung wird Teilhabegerechtigkeit am gesellschaftlichen Leben in all seinen Schattierungen erst möglich.

Neben der notwendigen Forderung gebührenfreier Bildung von der Kita bis zur Uni müssen mittelfristig folgende Defizite beseitigt werden:

- nach wie vor beeinflusst die soziale Herkunft die Bildungskarriere junger Menschen;
- nach wie vor wird der frühkindlichen Erziehung, insbesondere für Bildungsbenachteiligte nicht die nötige Aufmerksamkeit geschenkt;
- nach wie vor verlassen zu viele Jugendliche die Allgemeinbildenden Schulen ohne Abschluss und beginnen erst gar keine Berufsausbildung;
- nach wie vor besteht kein Rechtsanspruch auf einen Platz in einer Ganztagsschule; wird das jetzige Ausbautempo beibehalten, wird es noch Jahrzehnte dauern, bis alle Kinder einen Platz erhalten;
- nach wie vor ist die Schüler-Lehrer-Relation, insbesondere in Klassen mit hohem Ausländeranteil oder auch für die Inklusion unvertretbar hoch;
- nach wie vor ist die vollkommene Durchlässigkeit zwischen beruflicher und akademischer Bildung nicht gewährleistet;

- ein ganz besonders Augenmerk ist auf überproportionale Weiterbildungsprogramme für Langzeitarbeitslose und für ungelernte Arbeitnehmer zu richten neben der Weiterbildung für Qualifizierte, um z.b. die Digitalisierung sozialverträglich zu bewältigen.

Verteilungsgerechtigkeit

»Alle sozialen Werte – Freiheit, Chancen, Einkommen, Vermögen und die sozialen Grundlagen der Selbstachtung – sind gleichmäßig zu verteilen, soweit nicht eine ungleiche Verteilung jedermann zum Vorteil gereicht« *(Rawls, 83)*

Wenn alle gleich behandelt werden, vergrößert dies die Nachteile für die sowieso schon Benachteiligten. Zurückgebliebene müssen auf Kosten der bisher Bevorzugten überproportional besser behandelt werden. So wären zum Beispiel Geringverdiener bei einer allgemeinen Lohnerhöhung prozentual stärker zu berücksichtigen als Personen höherer Einkommen. Der Einwand, dies verletze den Gleichheitsgrundsatz greift deshalb nicht, weil die Ausgangssituation nicht gleich sondern ungleich ist und jede gleichmäßige Lohnerhöhung für alle Einkommensgruppen tendenziell die Ungleichheit vergrößert und verfestigt.

Will man wirklich die Ungleichheit in einer Gesellschaft minimieren, muss man die von allen erwirtschafteten Güter ungleich verteilen. Nur Gleiche können gleich, Ungleiche müssen ungleich mit dem Ziel einer Annäherung an die Gleichen behandelt werden.

Gelingen wird dies nur, wenn wir die Forderung Aristoteles beherzigen, Ethik, Politik und Ökonomie in Übereinstimmung zu bringen.

Generationengerechtigkeit

Die jetzige verantwortliche Generation muss bei ihrem politischen Handeln jeweils die Ansprüche der Nachfolgegenerationen berücksichtigen. Besonders die langfristigen Folgen für die am wenigsten Bevorzugten der Gesellschaft sollten Maßstab für eine Generationengerechtigkeit sein. Die heute lebende Generation darf keinesfalls so ungehemmt konsumieren und die Ressourcen verbrauchen, dass kein »gerechter Spargrundsatz« *(Rawls, 318)* aufgebaut werden kann. Ohne einen solchen Spargrundsatz können die berechtigten Forderungen der nachfolgenden Generationen nicht erfüllt werden. Dieser Spargrundsatz, der im Konsens unter den derzeit Lebenden zu beschließen ist, muss eine faire Lastenverteilung berücksichtigen. Ein solcher Generationenvertrag ist dringend geboten. Bisher war er kaum im Fokus der Regierenden.

Wie will man jungen Menschen heute erklären dass bei einer Rückzahlung von 0,7 Prozent der Schulden, wie zum Beispiel in 2016 erfolgt – vorausgesetzt es würden keine neuen Schulden gemacht –, es 143 Jahre dauern würde, bis die 2.006 Milliarden aufgehäuften Schulden beglichen werden.

Wie will man der heutigen jungen Generation erklären, dass die weltweite Umweltzerstörung nicht nur die pflanzlichen und tierischen Arten, sondern mit ihnen den zukünftigen Lebensraum der Menschen selbst zerstört? Jeder Innovation in Wirtschaft und Gesellschaft muss eine Folgenabschätzung vorausgehen.

Verunsicherung durch Globalisierung

Die Verunsicherungen und Ängste der Menschen nimmt mit einer immer dynamischeren Globalisierung entsprechend zu. Im Gefolge verursacht sie bei vielen Menschen Orientierungslosigkeit. Da der Mensch aber Hoffnung und Orientierung braucht, sucht er sie bei den falschen Propheten, die ihnen eine Rückkehr in eine nationale, heile Welt vorgaukeln. In einer durch die Globalisierung erzeugten verstörenden Wirklichkeit, einer immer undurchsichtigeren und komplexeren Welt findet sich der Mensch immer weniger zurecht. Zwar können wir die fortschreitende Globalisierung nicht aufhalten, aber wir dürfen sie nicht der „Ideologie der Weltmarktherrschaft" überlassen, sondern müssen versuchen, sie aktiv und human zu gestalten. Zur Zeit hat man dagegen den Eindruck, dass der ökonomische Imperialismus von der Maxime beherrscht wird, die »Fließgeschwindigkeit des Kapitals« am besten so zu optimieren, indem man Staaten und Gesellschaften wie Unternehmen führt. Vorgemacht wird uns dies in erschreckender Weise von Trump in den USA.

»Es ist nicht nur Joseph Stiglitz (Nobelpreis für Ökonomie 2001), der befürchtet, dass die neoliberale Überbietungslogik buchstäblich ins Nichts mündet. Ständig entdeckt die Abbaupolitik neue Hindernisse, die dereguliert und geräumt, flexibilisiert und gebrochen werden müssen, um die `Fließgeschwindigkeit` des Kapitals und des Wissens zu erhöhen. Zu Ende gedacht hieße das: Erst dort, wo nichts Altes, nichts Außerökonomisches mehr auffindbar ist, käme die Ökonomie zur vollen Blüte.« *(Thomas Asseuer 2002).*
Die Globalisierung erzeugt immer mehr Reichtum für immer weniger Menschen. Die hohen Wachstumserträge werden ungleich verteilt. Sie vertieft eine soziale und kultu-

relle Polarisierung, gepaart mit allgemeiner Instabilität. Zusätzlich driften die Gesellschaften in Stadt und Land immer stärker auseinander.

Wie sehr der Einzelne sich in solch einer globalisierten Welt verloren fühlt, ist nur normal. Wie sehr er einen Anker sucht, ist auch nur normal. Dem hat die Politik der großen Koalition, aber auch der Regierungen vorher nicht Rechnung getragen. Sie hat die Menschen in ihrer Not allein gelassen und damit das Feld denjenigen überlassen, die sich angeblich darum kümmern. Diese rechten Populisten haben den Begriff der Heimat, ein Anker gegen das Verlorensein in einer globalisierten Welt, für ihre Zwecke instrumentalisiert.

Von daher sagt der Bundespräsident in seiner jüngsten Rede zum Tag der deutschen Einheit zurecht: »Die Sehnsucht nach Heimat – nach Sicherheit, nach Entschleunigung, nach Zusammenhalt und vor allen Dingen nach Anerkennung –, diese Sehnsucht dürfen wir nicht den Nationalisten überlassen.«

Heimat ist für viele der Gegenbegriff zur Globalisierung, der Ort oder vielleicht auch die Utopie, wo man sich zurechtfindet, der überschaubar ist, wo die Anonymisierung aufgehoben ist, der Ort, wo man seine Familie, seine Freunde hat, zu einer Gemeinschaft gehört, kurz, ein Ort der Orientierung.

»Dieses Recht (auf Heimat) ist alles andere als Ideologie. Es ist, wie Hannah Arendt überzeugend dargelegt hat, das Menschenrecht schlechthin. Es geht allen Rechten auf Freiheit,Gleichheit und Glück voraus.« *(Bernhard Schlink, 2000)*

Dieses Heimatgefühl, das offenbar in unserer so sehr vom Ökonomischen beherrschten Gesellschaft ideologisierend verdrängt wird, muss die Politik Ernst nehmen, weil die Menschen es Ernst nehmen.

Ein anderes Europa

Das vierte Feld, auf dem die Politik teilweise versagt hat, ist das der Europäischen Union.

Die große Koalition hatte zu keinem Zeitpunkt eine Vision von einem zukünftigen Europa entwickelt. Sie ist der Frage nach einer Finalität Europas ausgewichen. Während und nach der Wahl wurde das Thema kaum diskutiert und tut dies nach wie vor nicht. Die Frage, wie wollen wir in Zukunft in Europa leben wurde erst gar nicht gestellt. Wir wollen nicht die großen Erfolge eines großartigen Projekts klein reden. Der zweifelsfrei größte Erfolg ist der 70-jährige Friede auf unserem jahrhundertelang geschundenen Kontinent.

Aber wir wollen auch nicht verhehlen, dass die existenzielle Krise, in der sich Europa seit 2008 nun schon taumelnd befindet, offenbart, dass das bisherige Modell, Europa bauen zu wollen, nicht mehr funktioniert.

Hier einige Begründungspunkte:

- Die zunehmende Globalisierung, die damit einhergehende Entnationalisierung bei gleichzeitiger Renationalisierung hebeln mehr und mehr das schwerfällige und zeitraubende intergouvernementale Brüsseler Verhandlungssystem aus.
- Im Streit blockieren sich die Föderalisten und die Intergouvernementalisten gegenseitig und lassen nur kleinste funktionalistische Fortschritte zu. Die einen beklagen ein massives Demokratiedefizit und ineffiziente Entscheidungsverfahren, während die anderen eine zunehmende Zentralisierung Europas fürchten.
- Die vornehmliche Konzentration der Brüsseler Behörden auf ökonomische Sachverhalte, marktrational und

bürokratisch, hat bisher wenig Raum für wohlfahrtsstaatliche Notwendigkeiten übrig.

- Die alten Nationalstaaten waren und sind nicht in der Lage, ein europäisches soziales Sicherungssystem aufzubauen. Sie verhindern weder die Auslagerung von Arbeitsplätzen, noch ein Sozialdumping. Notwendige Solidarität zwischen den Völkern funktioniert nicht, wie uns die Flüchtlingskrise mehr als deutlich gezeigt hat. Ohne Solidarität kann aber Europa nicht funktionieren.

- Von Beginn an war das Projekt EU-Europa eines der europäischen Eliten, an dem der`normale`Mensch auf der Straße keinen Anteil hatte und bis heute nicht hat. Als Beleg kann man die abnehmende Wahlbeteiligung zum Europäischen Parlament seit der ersten Direktwahl von 1979 anführen oder das Ergebnis einer vor einiger Zeit durchgeführten Umfrage unter 15.000 Europäern. Hiervon gaben 55 Prozent an, sie seien erleichtert oder es sei ihnen egal, wenn die EU aufgelöst würde.

- Zu keinem Zeitpunkt wurde darauf hingewirkt, nun sei es an der Zeit, ›Europäer zu machen‹, nachdem man Europa gemacht habe. Dies meint, wir sind weit von der Bildung einer europäischen Identität entfernt.

Der »kategorische Imperativ« für Europa.

Damit Europa den Erfordernissen der Globalisierug genügen und in einer globalisierten Welt als selbstbewusstes Subjekt handeln kann, brauchen wir eine regionalisierte Republik, ausgestattet mit entsprechenden voller Souveränität in der Außen- und Sicherheitspolitik, der Wirtschafts-, Budget- und Steuerpolitik, eine Asyl- und Migrationspolitik und Sozialpolitik. Die Republik als Makro-Ebene bedarf des unabdingbaren Fundaments auf der Mikro-Ebene, in den Gemeinden und Regionen.

Während auf der Makro-Ebene Demokratie als Staatsform durchaus ihren Platz hat, braucht diese als notwendige Voraussetzung ihrer Funktionsfähigkeit die Demokratie als Lebensform auf der Mikro-Ebene. Gemeinsam gewährleisten die Makro- und Mikro-Ebene die Regierungsfähigkeit der regionalisierten Republik mit weitgehender Subsidiarität als Strukturprinzip, ein postnationales Europa.

Die Menschen vermissen Zielvorgaben, fantasievolle Gestaltungskraft in der Politik. Sie wissen nicht für welche Überzeugungen die Politiker stehen. Sie haben den Eindruck, Überzeugungen würden je nach Chancen des Machterhalts angepasst, damit die pünktliche Wiederwahl nicht gefährdet ist. Auf breiter Front nimmt die Entpolitisierung zu, der Rückzug ins Private.

Besorgniserregend verstärkt sich dieser Trend bei Jugendlichen. Falls eine Gesellschaft ihrer Jugend keine Zukunftsperspektive mehr bieten kann, wird diese Gesellschaft gefährlich instabil. Wir brauchen Visionen, durchdachte mutige Wegweiser für eine mitmenschliche Zukunft. »Wo keine Vision ist, werden die Menschen wild und wüst« wie es schon in den Sprüchen Salomons vor mehr als 3.000 Jahren steht.

Als vorläufiges Fazit können wir sozusagen einen »Kategorischen Imperativ« für Europa formulieren:

Wir brauchen mehr Europa, weniger Nationalstaat und mehr Demokratie.

• Mehr Europa brauchen wir, um die Globalisierung im Sinne europäischer Werte aktiv mitgestalten zu können, anstatt lediglich ihr getriebenes Objekt zu sein.

• Weniger Nationalstaat brauchen wir, weil wir durch dessen notwendigen Verlust an Nationalstaatlichkeit auf der einen mehr an Europafähigkeit auf der anderen Seite gewinnen.

* Mehr Demokratie brauchen wir, weil nur durch deren Verwirklichung als Lebensform in den Gemeinden und Regionen der einzelne Mensch Orientierung und Identität in einer zunehmend unübersichtlichen, verstörenden Welt bewahren kann.

Die Krise der Sozialdemokratie

Die in den vier Punkten aufgezeigten Defizite der Regierungspolitik haben nach meiner Auffassung wesentlich zu dem Wahldesaster für die beiden großen Parteien beigetragen. Näher anschauen wollen wir uns das Wahlergebnis der Sozialdemokraten. Festhalten wollen wir aber auch, das die Christdemokraten prozentual noch mehr verloren haben als die Sozialdemokraten. Was dann die Aussage berechtigt, die Sozialdemokraten seien auf Jahre hinaus regierungsunfähig, bleibt das Geheimnis der Bundeskanzlerin. Richtig ist aber auch, dass die Sozial- und Christdemokraten gemeinsam 12 Jahre in der großen Koalition Politik gemacht haben, von daher gemeinsam das desaströse Wahlergebnis verantworten müssen. Im Gegensatz zu den Christdemokraten kommt aber bei den Sozialdemokraten eine Besonderheit hinzu, nämlich der Zustand der sozialdemokratischen Parteien in ganz Europa.

Wie es zumindest scheint, haben wir es mit einer allgemeinen Krise der Sozialdemokratie zu tun. Schaut man auf andere europäische Länder, so muss man feststellen, dass wir in Deutschland mit fast 21 Prozent noch relativ komfortabel abgeschnitten haben. Im Jahr 2000 regierten Sozialdemokraten in 10 von damals 15 EU-Ländern. Heute 17 Jahre später sind es noch 7 von 28 EU-Ländern, wenn man

Großbritannien mitrechnet, Geht am 15. Oktober 2017 noch Österreich verloren, dann sind es nur noch 6.

Die Pasok spielt in Griechenland kaum noch eine Rolle. In den Niederlanden hat die Partei der Arbeit gerade mal 5,7 Prozent erhalten. Bei den Wahlen zur französischen Nationalversammlung erreichte die stolze sozialistische Partei noch 9,5 Prozent. Der Kandidat bei den Präsidentschaftswahlen Benoit Hamon landete abgeschlagen mit 6,4 Prozent auf dem fünften Platz.

So sehr es in den 60/70er Jahren des vorigen Jahrhunderts an großen Sozialdemokraten wie Brandt – Kreisky – Palme lag, die sozialdemokratische Seele glaubhaft zu verkörpern, so gaben in den 80/90er Jahren Blair und Schröder sozialdemokratische Positionen auf zugunsten neoliberaler Mainstream-Ideen. In Deutschland hat die Sozialdemokratie bis heute zu sich von Schröders Agenda 2010 nicht erholt.

Ein weiterer Grund liegt in den linken Abspaltungen von der Sozialdemokratie, ob es in Griechenland um Syriza, um die Linke in Deutschland, Podemus in Spanien oder die linke Bewegung eines Jean-Luc Mélenchon geht. Folge sind die massiven Verluste vormals sozialdemokratischer Milieus, wie jüngst in Nordrhein-Westfalen.

Gibt es einen Ausweg?

Ja, er wird in beeindruckender Weise vorgemacht von Jeremy Corbyn in Großbritannien. Corbyn ist der Anti-Blair. Er setzt auf Fundamentalkritik des kapitalistischen Neoliberalismus. Er ist kein Sozialdemokrat, er ist Sozialist, ähnlich dem parteilosen Bernard Sanders in den USA.

In seiner jüngsten Rede auf dem Parteitag in Brighton erhält er stehende Ovationen, wenn er seine Botschaft von einem besseren Großbritannien vorträgt von einem Land gegen die Ungleichheit, für den Aufbau eines gerechten Gesundheitssystem, für Chancen für die Jungen und für Würde und Sicherheit für die älteren Menschen, für Frieden und weltweite Gerechtigkeit, für bessere Schulen, gegen Kinderarmut usw.

»Unser Wahlprogramm ist das Programm einer modernen, progressiven sozialistischen Partei, die ihre Wurzeln und ihren Sinn wieder entdeckt hat ...« Vor allem gegen zwei Gefahren will er kämpfen, gegen den autoritären, intoleranten und aggressiven Nationalismus und nicht den Eliten die Entscheidungen überlassen, sondern die Macht nach unten diffundieren.

Sein Schlüsselsatz sollte sich die deutsche Sozialdemokratie zu eigen machen: »Es ist die Labour Party, die heute die Themen vorgibt und ein neues gemeinsames Verständnis darüber entwickelt, welche Richtung unser Land einschlagen sollte.«

Wenn die traditionsreiche deutsche Sozialdemokratie das Selbstbewusstsein verinnerlicht, die Themen für eine humane, auf sozialer Gerechtigkeit gegründete Gesellschaft vorzugeben, ihre Wurzeln, ihren Sinn, ihre Seele wiederentdeckt, Abschied von jeglicher Form des Neoliberalismus nimmt, wird sie sicher gestärkt aus dem Tal der Tränen herausfinden.

[Oktober 2017]

17 Thesen für eine Minderheitsregierung

Eine Sternstunde der Demokratie

Warum die SPD keine große Koalition eingehen sollte.
* Die Wählerinnen und Wähler haben die große Koalition abgewählt.
* Die SPD hat absolut die richtigen Konsequenzen gezogen, sich in der Opposition erneuern zu wollen.
* Die Glaubwürdigkeit der Partei steht auf dem Spiel.
* Es besteht kein Unterschied zwischen den Interessen des Landes und denjenigen der SPD, selbst wenn der Bundespräsident und Teile der Öffentlichkeit dies der SPD einreden wollen.

Warum Neuwahlen die schlechteste Lösung sind.
* Das Risiko einer Verärgerung der Wählerinnen und Wähler ist groß. Die Konsequenz daraus kann eine geringe Wahlbeteiligung sein.
* Bisherige Umfragen signalisieren ein ähnliches Ergebnis wie das vom 24. September 2014.
* Es ist nicht ausgeschlossen, dass bei einer erneuten Wahl die vormals großen Volksparteien nicht einmal 50 Prozent der Stimmen bekommen. Dann hätten wir wirklich eine Staatskrise.
* Die Gefahr, einer noch stärkeren Fraktion der AfD im Bundestag zu bekommen ist, realistisch.
* Die zunehmende Distanz zwischen Regierenden und Regierten wird sich vergrößern.

Warum eine Minderheitsregierung unter gegebenen Umständen die beste Lösung ist.

- (Die Abgeordneten)»sind Vertreter des ganzen Volkes, an Aufträge und Weisungen nicht gebunden und nur ihrem Gewissen unterworfen« (Art. 38 GG, Abs. 1). Mit einer Minderheitsregierung, die das Grundgesetz ausdrücklich zulässt – wenn auch mit hohen Hürden versehen – könnte der Fraktionszwang seine bisherige vom Demokratieverstängnis fragwürdige Bedeutung verlieren.

- Nur weil Frau Merkel eine Minderheitsregierung nicht will, weil sie nicht mehr wie bisher mit treu ergebenen Fraktionsvorsitzenden als Einpeitscher durchregieren kann, ist noch kein Argument gegen eine Minderheitsregierung.

- Das Grundgesetz ermöglicht grundsätzlich eine Minderheitsregierung, die natürlich voll geschäftsfähig, inihrer Handlungsfähigkeit nicht eingeschränkt ist. Selbst im kritischsten Fall bei fehlender Zustimmung zum Haushalt hat das Grundgesetz vorgesorgt, indem in jedem Fall die notwendigen Ausgaben getätigt werden können.

- Richtig ist, dass bei der Einbringung von Gesetzen die Regierung sich von Fall zu Fall neue Mehrheiten suchen nuss. Von daher wird das Regieren schwieriger. Es wird nicht mehr möglich sein, dass ausgekungelte Kompromisse zwischen den Koalitionären im Parlament nur noch abgenickt werden.

- Die Gestaltungsmehrheit für politische Entscheidungen muss sich die Regierung mit dem Parlament teilen. Der große demokratische Zugewinn bei einer Minderheitsregierung wäre die Stärkung der Verantwortung des einzelnen Abgeordneten gegenüber seiner Wähler im

Wahlkreis. Es gäbe kein Verstecken mehr hinter einem Fraktionszwang, Machtfragen würden zugunsten von Sachfragen zurücktreten. Der diskursive Prozess im Ringen um die beste Lösung würde die politische Debattenkultur im Parlament erheblich aufwerten. Zwischen einem Koalitionsvertrag und einem Tolerierungsvertrag besteht rechtlich kein Unterschied. Beide Verträgstypen sind keine einklagbaren Rechtsverträge, sondern lediglich »nur« politische Verträge. Der Tolerierungsvertrag hat vielleicht noch insofern eine besondere Qualität, weil die daraus entstehenden Konsequenzen im Gesetzgebungsprozess besser begründet sein müssen.

- Ein Tolerierungsvertrag könnte differenzieren zwischen einem allgemeinen Teil und einem besonderen Teil wie etwa einem Stabilitätspakt für Themen, die die internationale Reputation und Handlungsfähigkeit der Bundesrepublik legitimieren.

- Die gefestigte Demokratie der Bundesrepublik Deutschland ist in keiner Weise mit Weimar zu vergleichen, wenn auch mit dem einer so großen Fraktion der AfD in den Bundestag man auf den Gedanken kommen kann.

[Dezember 2017]

Eine Koalition des Fortschritts?

Die Bundesrepublik Deutschland steht angeblich vor einer Epochenwende. Nichts hört und liest man öfter von den drei Koalitionären, die nächste Regierung werde eine solche des Fortschritts sein. Dagegen hört und liest man nichts, was die Dreierkoaltion unter Fortschritt versteht. Fortschritt, gemessen an der Vergangenheit und/oder Gegenwart klingt immer zukunftsorientiert. Zwar signalisiert das Etikett Fortschritt Optimismus, bleibt aber ohne Konkretisierung inhaltsleer.

Das Sondierungspapier der drei zukünftigen Koalitionsparteien zeigt in vielen Einzelpunkten anzustrebende Veränderungen gegenüber dem heutigen Zustand. Man erkennt jedoch kein Gesamtkonzept, das den Anspruch einer Epochenwende für die bundesrepublikanische Gesellschaft verdienen würde. Die »Differenz ums Ganze« (Adorno) zu allen bisherigen Regierungsbildungen ist, dass wir diesmal am Abgrund stehen, weil die Existenz der Menschheit berührt wird. Wahrscheinlich wird unsere Zeit einmal als Wendepunkt in die Geschichte der Menschheit eingehen. Das klingt zwar dramatisch, ist es aber auch. Wir wissen heute, eigentlich schon sehr lange, dass die Natur unsere Jahrhunderte alte Ausbeutung nicht länger erträgt.

»Mögen wir uns auch für einzigartig halten, so sind wir doch wahrscheinlich wie jedes andere Säugetier genetisch auf eine natürlichen Lebensraum mit reiner Luft und abwechslungsreicher grüner Landschaft programmiert. Entspannt sein und sich gesund fühlen bedeutet normalerweise nichts anderes, als den Körper in einer Weise reagieren zu lassen, für die er in seiner Entwicklung von hundert Millionen Jahren eingerichtet worden ist.« *(Iltis, Andrews, Loucks zit. b. Ehrlich, S. 269)*

Wenn auch nur die Möglichkeit besteht, dass durch die offensichtlichen Klimaveränderungen das Leben auf dieser Erde gefährdet ist, müssen wir alle unser Handeln dem Ziel unterordnen, diese Gefahr abzuwenden. Soweit man es heute beurteilen kann, hat zwar die Klimaproblematik einen besonderen Stellenwert bei den Koalitionsverhandlungen. Jedoch sind die Koalitionäre unterschiedlich weit davon entfernt, diesem Thema alles andere unterzuordnen. Eine Koalition des Fortschritts müsste aber genau dieses tun.

Keine Ziele kann man darüber lesen, warum man die bisherige Idee des Fortschritts, immer verbunden mit quantitativem Wachstum, endlich aufgeben muss.

Seit Jahrhunderten wird Fortschritt mit technischem Fortschritt assoziiert. Der Glaube an die technologische Innovation scheint ungebrochen. Seinen Ausdruck findet er in der Wahnvorstellung, eine »deutsche Ingenieurkunst« *(vgl. Christian Lindner)* werde schon die Klimakrise bewältigen.

Wir haben bisher keine Theorie für historische Veränderungen, die die Zukunft der Lebensfähigkeit des Ökosystems Erde beschreibt, mit dem Ziel, qualitatives Wachstum und humane Vervollkommnung menschlicher Gattung in Einklang zu bringen.

Der Glaube an den immerwährenden Fortschritt beschäftigte in vielfältigen Varianten das Denken der Menschheit. Als einer der ersten ging Francis Bacon (1561–1626) davon aus, dass der wissenschaftliche Fortschritt der Ausgangspunkt technologischer Innovation und damit eine Verbesserung des menschlichen Lebens sei.

Für Marquis de Condorcet (1743–1794) war Fortschritt nur dann ein solcher, wenn er zur Vervollkommnung der menschlichen Gattung einen Beitrag leistete.

Auch Immanuel Kant (1724–1804) untersucht besonders in zwei seiner kleineren Schriften »Ob das menschliche Geschlecht im beständigen Fortschreiten zum Besseren sei.« *(Der Streit der philosophischen Fakultät mit der juristischen, S. 95-113)*. Dort kommt er zu dem Schluss, »dass der Staat sich von Zeit zu Zeit auch selbst reformiere und, ..., zum Besseren beständig fortschreite« *(S. 112)*.

Es scheint mir höchste Zeit, eine Reformierung des Staates jetzt vorzunehmen.

In der zweiten hier ausgewählten Schrift »Idee zur allgemeinen Geschichte in weltbürgerlicher Absicht« *(S. 143 – 161)* entwickelt Kant eine »Idee einer Weltgeschichte«, der »eine vollkommen gerechte bürgerliche Verfassung« *(S. 150)* zugrunde liegt. ... Wir sind in hohem Grade durch Kunst und Wissenschaft c u l t i v i r t.

Wir sind c i v i l i s i r t bis zum Überlästigen zu allerlei gesellschaftlicher Artigkeit und Anständigkeit. Aber uns für m o r a l i s i r t zu halten, daran fehlt noch sehr viel« *(S. 155)*.

Neben der Beherrschung der Klimakatastrophe wird die Erreichung einer gerechteren Gesellschaft die zweite zentrale Aufgabe der neuen Regierung sein. Nach vier Jahren wird sie am Fortschritt in diesen beiden zentralen gesellschaftlichen Feldern gemessen werden: dem zukünftigen Leben eine Chance zu geben und die bundesrepublikanische Gesellschaft mit mehr Moral auszustatten.

Aber der Fortschrittsglaube hat auch seine Kritiker.

Die Akademie von Dijon stellte 1749 die Preisfrage: »Hat der Wiederaufstieg der Wissenschaft und Künste zur Läuterung der Sitten beigetragen?« Jean Jacques Rousseau, der den Preis gewann, hat darauf geantwortet: »Unsere Seelen korrumpieren in dem Maße, in dem unsere Wissenschaften und Künste fortschreiten zur Vollkommenheit« *(Rousseau, 1987, S. 37)*.

Hunderte von Jahren bis in unsere Zeit wurde der Fortschritt immer ambivalent beurteilt. Ich meine, er hat aber nur seinen Namen verdient, wenn er gleichzeitig auch einen Beitrag zur Vervollkommnung einer humaneren Gesellschaft leistet.

Fast genau 200 Jahre nachdem die Akademie von Dijon ihren Preis an Rousseau verliehen hat, wird Bertolt Brechts (1898–1956) episches Stück »Leben des Galilei« 1943 in Zürich uraufgeführt. Dort lässt er den durch die Inquisition Verfolgten über das Verhältnis der wissenschaftlichen Aufklärung des Geistes sowie der Entwicklung des Humanen nachdenken: »Ihr möget mit der Zeit alles entdecken, was es zu entdecken gibt, und euer Fortschritt wird doch nur ein Fortschreiten von der Menschheit weg sein« *(Brecht, 1975, S. 677)*.

Heute wird immer noch Fortschritt mit technischem Fortschritt assoziiert, an quantitatives Wachstum – immer mehr, immer höher, immer weiter, immer besser – gekoppelt. Der humane Fortschritt ist lediglich ein Abfallprodukt, wenn überhaupt. Dieser naturwissenschaftlich-technische Fortschritt gaukelt uns vor, Wissenschaft und Technologie seien in der Lage jedes Problem zu lösen, selbst die fast unlösbare Klimakatastrophe. Antworten auf die Fragen – Wie sollen wir uns verhalten, was sollen wir tun, wie wollen wir in Zukunft leben, ja, überleben – erhalten wir nicht.

Seit Galilei, nämlich dem Übergang vom magischen zum funktionalistischen Denken und vom funktionellen zum experimentellen Tun stehen wir heute wie vor etwa 400 Jahren vor einer ähnlich grundlegenden Situation. Wir brauchen, wie damals eine neue Qualität des Denkens, ein radikales Umdenken.

Wenn Theodor W. Adorno (1903–1969) feststellt, zum Fortschritt gehört »die Tendenz zur Selbstvernichtung«, dann trifft dies den Punkt. Dies ist genau der Gedanke, vor der die zukünftige Regierung steht. Sie muss ihre Politik nicht im Sinne Bismarcks (1815–1898) als Kunst des Möglichen verstehen, vielmehr im Sinne Richelieus (1585–1642) als die Kunst, das Notwendige möglich zu machen.

Das Notwendige ist, einen Beitrag zu leisten, der »die Tendenz zur Selbstvernichtung«, durch eine Nicht-Beherrschung der Klimakatastrophe, abwendet, und zusätzlich fortschreitet zu einer humaneren Gesellschaft.

[Oktober 2019]

Verwendete Literatur

Adorno, Theodor W. (1964), Fortschritt, in: H. Kuhn/F. Wiedmann 1964

Bacon, Francis (1870), Seven Volumes, 2nd. Ed. London, hrsg v. Elles R.L./ Spedding J./ Heath D.

Böttcher, Winfried (2021), Europa 2020 – Von der Krise zur Utopie, Baden-Baden, bes. Kapitel 2.6 »Die Natur als Politikum – Umwelt und Klimakrise«

Brecht, Bertolt (1975), Schriften in fünf Bänden, hrsg. v. Werner Mittenzweig, 2. Aufl. Weimar

Ehrlich, Paul/ Anne H. Ehrlich (1972), Bevölkerungswachstum und Umweltkrise, Frankfurt a. M.

Kant, Immanuel (1995), Werke in 6 Bänden, Köln, hier zit. Bd. 6, Der Streit der Facultäten (hier: Der Streit der philosophischen Facultät mit der juristischen/ Idee zu einer allgemeinen Geschichte in weltbürgerlicher Absicht.

Rousseau, Jean-Jaques (1987), Schriften, hrsg. v. Henning von Ritter, Bd. 1, München/ Wien

Sandkühler, Hans Jörg (2010), Enzyklopädie Philosophie, 3. Bde., Hamburg, hier zit, Bd.1, Fortschritt, S. 730-718

Europa

Europa in der Globalisierung

Europa in Not

Fünf Thesen zu Katalonien

Europas Ohnmacht

Zur Flüchtlingskrise

Die Zukunft Europas und der Nationalstaat

Europa in der Globalisierung

- Niemand bestreitet, dass wir uns zunehmend in einer global vernetzten Welt befinden.
- Niemand bestreitet, dass diese Welt immer unübersichtlicher und komplexer wird.
- Niemand bestreitet, dass der Mensch sich immer weniger in einer globalen Welt zurechtfindet und zunehmend orientierungslos wird.
- Niemand bestreitet, dass die fortschreitende Globalisierung aufzuhalten ist.
- Niemand bestreitet, dass wir die Globalisierung nicht der »Ideologie der Weltmarktherrschaft« überlassen dürfen, sondern sie aktiv gestalten müssen.

Was unterscheidet die heutige Form der Globalisierung von der Vernetzung der weltweiten Handelsbeziehungen, die wir seit Jahrtausenden kennen?

Die »Differenz ums Ganze« ist ein ökonomischer Imperialismus, der von der Maxime ausgeht, die »Fließgeschwindigkeit des Kapitals« am besten so zu optimieren, indem man Staaten und Gesellschaften wie Unternehmen führt.

In den globalen Beziehungen vor der heutigen Globalisierung konnte ökonomisches Handeln noch Räumen, wie zum Beispiel Nationalstaaten und Nationalgesellschaften zugeordnet werden. Heute dagegen ist die Globalisierung durch Grenzenlosigkeit auf der einen und durch Dichte von Beziehungsgeflechten auf der anderen Seite gekennzeichnet.

So haben wir es nicht nur mit 194 mehr oder weniger selbstständigen Staaten zu tun, sondern auch mit ca. 45.000 NGOs [1]. Globalisierung kann man somit als eine »Weltgesellschaft ohne Weltstaat und Weltregierung« [2] bezeichnen.

In der Literatur besteht weitgehend Übereinstimmung darüber, dass in der zweiten Hälfte des 15. Jahrhunderts die Moderne begann, damit auch die Welt, die sich von international handelsüblichen Geschäften zur Globalisierung wandelte. Seit dieser Zeit veränderte sich die Welt grundlegend gegenüber der Zeit vor 1450. Diese setzte sich dann mit zunehmender Dynamik bis etwa 1850 fort. Hier einige wesentliche Begründungspunkte:

- die Entdeckungen und die mit ihnen einhergehenden Eroberungen und Plünderungen der neuen Welten durch die Europäer; Kolumbus' (ca. 1451–1506) Entdeckung Amerikas (1492) und Vasco da Gamas (ca. 1469–1524) Entdeckung des Seewegs nach Indien (1498);
- die Gründung der großen Handelsgesellschaften: East India Company 1600; Hudson Bay Company 1670; Royal Africa Company 1772;
- die großen Erfindungen, beginnend mit dem Buchdruck 1455 und der seit 1770 einsetzenden industriellen Revolution mit dem Beginn der Massenproduktion von Gütern (Stichwort: Spinnmaschine und Gründung der ersten Fabrik 1771);
- die Revolution des Denkens durch die Aufklärung;
- die Begründung einer neuen Staatsordnung und die Nichteinmischung in die inneren Angelegenheiten der Staaten untereinander durch den Westfälischen Frieden 1648;
- die quantitative und qualitative Explosion des Wissens mit Gründung der ersten wissenschaftlichen Zeitschrift 1665 »Philosophical Transactions of the Royal Society of London«; heute verdoppelt sich das Wissen der Welt alle 5 Jahre; auch die qualitative Wissensexplosion kann man an einem Datum festmachen, nämlich, Francis Bacon (1561–1626) schrieb 1598 in seinem »Novum Orga-

num« den viel zitierten Satz, der 250 Jahr später zum Kampfbegriff der Arbeiterklasse wurde »Knowledge Itself is Power« (Wissen ist Macht) [3]; Wissen erhält gesellschaftsrelevante Bedeutung;

- die Akte von Virginia (1776) mit der zentralen Botschaft der Menschenrechte und die Französische Revolution (1789), die den Fürsten als Inkarnation des Unrechts abschaffte, die Volkssouveränität, das allgemeine Wahlrecht und die Menschenrechte in den Mittelpunkt politischen Handelns rückte.

Karl Marx (1818–1883) und Friedrich Engels (1820–1895) haben in ihrem »Manifest der Kommunistischen Partei« von 1848 die bis dahin entstandene Globalisierung aus ihrer Sicht treffend beschrieben:

»Die Bourgeoisie hat in ihrer hundertjährigen Klassenherrschaft massenhaftere und kolossalere Produktionskräfte geschaffen als alle vergangenen Generationen zusammen. Unterjochung der Naturkräfte, Maschinerie, Anwendung der Chemie auf Industrie und Ackerbau, Dampfschiffahrt, Eisenbahnen, elektrische Telegraphen, Urbarmachung ganzer Weltteile, Schiffbarmachung der Flüsse, ganze aus dem Boden gestampfte Bevölkerungen – welches frühere Jahrhundert ahnte, daß solche Produktionskräfte im Schoß der gesellschaftlichen Arbeit schlummerten.« [4]

Während in diesem Zitat die Ursachen für eine Explosion der Produktivkräfte zusammengefasst sind, beschreiben die Autoren eine Seite vorher die Globalisierung, wie sie sich ihnen darstellt:

»Die Bourgeoisie hat durch ihre Exploitation des Weltmarktes die Produktion und Konsumtion aller Länder kosmopolitisch gestaltet. Sie hat zum großen Bedauern der Reaktionäre den nationalen Boden der Industrie unter den

Füßen weggezogen. Die uralten nationalen Industrien sind vernichtet worden und werden nachträglich vernichtet. Sie werden verdrängt durch neue Industrien, deren Einführung eine Lebensfrage für alle zivilisierten Nationen wird, durch Industrien, die nicht mehr einheimische Rohstoffe, sondern den entlegensten Zonen angehörige Rohstoffe verarbeiten und deren Fabrikate nicht nur im Lande selbst, sondern in allen Weltteilen zugleich verbraucht werden. An die Stelle der alten, durch Landeserzeugnisse befriedigten Bedürfnisse treten neue, welche die Produkte der entferntesten Länder und Klimate zu ihrer Befriedigung erheischen. An die Stelle der alten lokalen und nationalen Selbstgenügsamkeit und Abgeschlossenheit tritt ein allseitiger Verkehr, eine allseitige Abhängigkeit der Nationen voneinander ...« [5]

Entkleidet man diese beiden Zustandsbeschreibungen von Marx und Engels ihres ideologischen Charakters, dann verbleibt im Kern eine zutreffende Definition von Globalisierung mit Prognosewert.

- Weltweite Produktion und Konsumtion bestimmen die weltweiten Verwertungsbedingungen. Die aus den entlegensten Teilen der Erde verarbeiteten Rohstoffe und die daraus entstehenden Produkte werden gleichzeitig auf der ganzen Welt verbraucht. Es entsteht eine allgemeine Konformität der Bedürfnisse. In einem allseitigen Verkehr entsteht eine allseitige Abhängigkeit aller Nationen voneinander.

Ob wir uns heute noch in der »Hochmoderne« [6] oder schon in der »Postmoderne« [7] befinden, ist für den Fortgang unserer Überlegungen unerheblich. Unstrittig ist, dass seit der Aufhebung der Bipolarität Ende der 80er Jahre des vorigen Jahrhunderts eine neue Phase der Globalisierung begonnen hat.

Durch welche zusätzlichen Globalisierungselemente unterscheidet sich diese neue Welle von den vorherigen? Auch hier einige Begründungspunkte:

- Der erste Grund für einen neuen Schub in der Globalisierung war das Ende des »Kalten Krieges«. Mehr als vierzig Jahre war die Welt in zwei Systeme geteilt, auf der einen Seite das westlich kapitalistische, auf der anderen Seite das östlich kommunistische. Die Beiden Supermächte mit Ihren Satelliten verharrten in einer geteilten Welt in einer Art Stillstand. Die Bipolarität des damaligen Weltsystems hatte den Vorteil einer klaren Orientierung. Nach dem Zusammenbruch der Sowjetunion feierte der Kapitalismus seinen endgültigen Sieg über den Kommunismus, was sich aber – wie wir heute wissen – als Irrglaube herausstellte.

- Zweitens wurde die »post-westfälische Ordnung« [8] und mit ihr eine der wichtigsten Grundsätze der Nachkriegsordnung der Vereinten Nationen, die das alleinige Gewaltmonopol hat, aufgekündigt. Ein Ausdruck dieser Auffassung war die Bombardierung Belgrads durch die NATO 1999 ohne Mandat der UNO. Ein weiterer war der völkerrechtswidrige Angriff der USA, Großbritanniens und der »Koalition der Willigen« auf den Irak, der mit einer Lüge angeblicher Massenvernichtungswaffen die Weltöffentlichkeit irre führte. Die Folgen erleben wir heute nicht nur mit einem weltweiten Terror und dem Krieg in Syrien.

- Als dritten, sehr wichtigen Punkt führen wir die »Entstofflichung« [8] der Märkte an, die Trennung von Warenwelt und Cyberwelt, in der computerunterstützte Prozesse eine virtuelle Welt erzeugen. Die elektronische Kommunikation verändert fundamental die Art und Weise, wie Märkte, Staaten und Individuen weltweit miteinander umgehen. Die Zunahme der exponentiellen Beschleunigung der Globalisierung, die weder planbar, noch beherrschbar ist, kann man sehr gut am Finanz- und Dienstleistungssektor verdeutlichen. Beide Sektoren sind schon heute stark unabhängig von der Warenwelt. Wichtig ist, dass diese zunehmende Beschleunigung bei gleichzeitiger fehlender Kontrolle stattfindet. »Seit 1980 ist der Gesamtbestand der finanziellen Aktiva dreimal schneller gewachsen als das gesamte Bruttoinlandsprodukt der 23 hochentwickelten Länder, aus denen sich während dieser Zeit die OECD hauptsächlich zusammensetzte; das Volumen des Handels mit Devisen, Wertpapieren und Aktien ist ungefähr fünfmal schneller gewachsen und übertrifft das gesamte BIP bei Weitem.« [9]

Im Jahr 2015 betrugen die Devisengeschäfte 5.088 Milliarden US-Dollar pro Tag. Der gesamte Welthandel mit Waren belief sich 2015 auf 15.985 Milliarden US-Dollar pro Jahr, das heißt ca. drei Tage Devisenhandel entsprachen dem gesamten Welt-Warenhandel eines Jahres oder anders gewendet, 2015 betrug der Devisenhandel das ca. 113-fache des Welthandels. [10] Diese Explosion des Devisenhandels wurde nur möglich durch die Explosion der elektronischen Kommunikation, vornehmlich im Internet. Die Digitalisierung wird in Zukunft alle Lebensbereiche erfassen und nicht nur den Devisenmarkt.

»Es ist ja nicht nur Joseph Stiglitz, der befürchtet, dass die neoliberale Überbietungslogik buchstäblich ins Nichts mündet. Ständig entdeckt die Abbaupolitik neue Hindernisse, die dereguliert und geräumt, flexibilisiert und gebrochen werden müssen, um die ›Fließgeschwindigkeit‹ des Kapitals und des Wissens zu erhöhen. Zu Ende gedacht hieße das:

Erst dort, wo nichts Altes, nichts Außerökonomisches mehr auffindbar ist, käme die Ökonomie zur vollen Blüte«. [11]

Wenn diese kurze Analyse einer zunehmenden Globalisierung auch nur im Ansatz stimmt, müssen wir uns fragen, was all dies für das weltweite Zusammenleben der Menschen bedeutet. Anders gewendet, kann die Globalisierung einen Beitrag zur Bewältigung der weltweiten Risiken leisten. Hier nur eine Aufzählung einiger dieser Risiken:

- zu schneller ökonomischer und technologischer Wandel;
- fehlende Kontrolle der internationalen Kapitalströme;
- Vertiefung einer sozialen und kulturellen Polarisierung, gepaart mit sozialer Instabilität;
- ungleiche Verteilung der Wachstumserträge;
- fehlende internationale Verteilungsgerechtigkeit;
- zunehmender aggressiver Nationalismus gepaart mit Protektionismus;
- auseinanderdriften der Gesellschaften in Land- und Stadtbevölkerung;
- Klimawandel;

Eines dieser Risiken wollen wir in gebotener Kürze etwas genauer betrachten, nämlich die fehlende Verteilung der durch die Globalisierung erzielten Wachstumserträge.

Zudem wollen wir zum Schluss einige Gedanken beisteuern, wie sich Europa in dieser zunehmend globalisierten und durch die Wahl Donald Trumps zusätzlich verunsicherten Welt verhalten sollte.

Seit 1948 hat der Welthandel jährlich um ca. 6 % zugenommen. Diese Zunahme ist Ausdruck für ein ständig wachsendes Niveau des Konsums, der Produktivkräfte und damit des Wohlstandes. Fast direkt proportional nahm auch das Gefühl – insbesondere in hochentwickelten Ländern zu

–, dass die neoliberale Globalisierung soziale Ungleichheit erzeugt. Das Gefühl von immer mehr Menschen weltweit, es gehe immer ungerechter zu, ist nachvollziehbar.

Die Entwicklungsorganisation Oxfam stellt in ihrem »Ungleichbericht« fest, dass die acht reichsten Männer der Welt über ein Vermögen von 426 Milliarden US-Dollar und die 3,6 Milliarden der ärmeren Hälfte der Menschheit über 409 Milliarden verfügen. Oder die Schweizer Bank Credit Suisse rechnet vor, dass 71% der Weltbevölkerung 3% des Weltvermögens besitzen oder 0,7% der Weltbevölkerung verfügen über 45,2%. Oder nach der Schweizer Großbank UBS besitzen 0,004% der Weltbevölkerung 12,8% des Weltvermögens. Auch nach Berechnungen der Weltbank gehören 71% der Weltbevölkerung zu denjenigen mit zu niederem Einkommen. »Forbes« rechnet vor, wenn die 10 reichsten Menschen einen Staat bilden würden, stünden sie auf Platz 24 der Welt. [12]

Wie sehr auch Sozialwissenschaftler Kritik im Detail an den Erhebungsmethoden üben, so sehr bleibt unbestritten, dass die neoliberale Globalisierung zunehmend soziale Ungleichheit erzeugt, indem immer mehr Reichtum generiert, aber die Schere zwischen reich und arm auch immer größer wird. Es stellt sich also die Frage, ob und wie die Weltgemeinschaft dem entgegenwirken kann. Die Lösung ist nicht, die Globalisierung durch mehr Protektionismus einzuschränken – dies ist schon im Ansatz zum Scheitern verurteilt –, um es mit den Begriffen Aristoteles (385–322 v. Chr.) zu sagen, ist die Lösung »ausgleichende Gerechtigkeit« durch »Verteilungsgerechtigkeit«. [13] Weltweit eine »Verteilungsgerechtigkeit« erreichen zu wollen, ist ohne eine Weltgesellschaft mit einer Weltinnenpolitik kaum erreichbar. Aber mit Stärkung der Vereinten Nationen können wir mehr als derzeit in Richtung weltweiter ökonomischer, sozialer und kultureller Gerechtigkeit voranschreiten, wobei »Gerechtigkeit als Übereinkunft zum wechselseitigen Nutzen in der menschlichen Gesellschaft« nach Epikur von Samos (341–271 v. Chr.) verstanden wird. [14]

Wir wissen natürlich, dass eine weltweite Verteilung dessen, was übrig bleibt, nur mit Hilfe einer Weltwirtschaftsordnung erreichbar ist, von der wir aber weit entfernt sind. Aber vorangehen können wir in Europa, wo wir mit der wunderbaren Erfindung des Wohlfahrtsstaates ein geeignetes Instrument in Händen halten. Diesen Wohlfahrtsstaat, dessen Maxime dem gesellschaftlichen sozialen Ausgleich verpflichtet ist, können wir aber nur erhalten und vertiefen, wenn wir in der Europäischen Gemeinschaft dem Gemeinschaftsinteresse Vorrang vor dem Nationalinteresse geben. Dies wäre auch gleichzeitig die Europäische Antwort als Gegenentwurf zu der zunehmend nationalistischen Paranoia, die sich geradezu epidemisch in Europa ausbreitet und den europäischen Nationalisten durch Donald Trump mit seinem aggressiven Nationalismus eine gefährliche Schubkraft verliehen hat. Nationalismus, Renationalisierung und Neoliberalismus bedrohen unsere offene europäische Gesellschaft.

Zudem wird diese europäische Gesellschaft, die seit der Französischen Revolution auf den Werten Freiheit, Gleichheit, Brüderlichkeit gegründet ist, Werte, die auch nach fast 230 Jahren ihren Wert nicht verloren haben, bedroht.

Zum ersten Mal werden diese Werte durch einen wichtigen Pfeiler des Westens, durch die USA, in Frage gestellt, insbesondere der Wert Brüderlichkeit oder Solidarität. Es macht keinen Sinn dem »America first« ein »Europa first« entgegenzusetzen, nein, Europa muss selbstbewusst seine Werte verteidigen, aber nicht in einem weiter so, sondern in einem anderen Europa.

Mit einem weiter so sind die auftretenden Fliehkräfte nicht beherrschbar. Viel zu lange ist die EU selbst Teil eines neoliberalen Modells.

Allerdings liegt dies in erster Linie nicht an der nach wie vor faszinierenden Idee, Europa zu vereinen, sondern vielmehr an der Realität, Europa mit den Nationalstaaten bauen zu wollen.

Der Verein von Nationalstaaten, die zuerst an ihren Eigeninteressen orientiert sind – genau das, was Donald Trump nun für die USA propagiert – ist unfähig, die europäische Zukunft zu gestalten. Es kann auch die amerikanische Zukunft nicht gestalten.

Wann, wenn nicht jetzt in dieser existentiellen Fundamentalkrise, die die europäische Hilflosigkeit so schonungslos offenbart, müssen wir über Transnationalität als Alternative zum Nationalstaat nachdenken.

Der Nationalstaat hat seine historische Funktion erfüllt. Er ist in der zunehmend globalisierten Welt nicht länger in der Lage, seine politischen wie auch ökonomischen Ordnungsvorstellungen zu verwirklichen. Mit wachsender Unübersichtlichkeit und Komplexität der Globalisierung verliert er zunehmend an Handlungs- und damit an Gestaltungsfähigkeit. Mehr und mehr wird er vom Subjekt zum Objekt einer nicht zu beherrschenden, nicht aufzuhaltenden Globalisierung.

Der Nationalstaat steht unter einem doppelten Druck. Er wird durch vielerlei Kräfte von Innen und Außen verändert. Von Innen ist er mit einer wachsenden Orientierungslosigkeit seine Bürgerinnen und Bürger konfrontiert, weil er selbst orientierungslos geworden ist. Die Welt, in der der einzelne Mensch lebt, wird ständig unübersichtlicher und komplexer. Das Vertrauen der Menschen in den Staat nimmt zusehends ab und bietet den Populisten eine ideale Plattform für ihre unausgegorenen, heilsversprechenden Rezepte einer ethnisch reinen geschlossenen Gesellschaft. Das dumpfe Gefühl vieler Menschen, vom Staat und seinen gesellschaftlichen Eliten im Stich gelassen zu werden, verdichtet sich zu einer resignativen Ablehnung oder einer sich empörenden Auflehnung. Beides ist ähnlich gefährlich für unsere Demokratie.

Um unsere Krisen - Finanzen, Brexit, Flüchtlinge, Populismus und jetzt zusätzlich den Rückzug der USA auf sich selbst - bewältigen zu können, brauchen wir ein anderes Europa mit dem Endziel ein Europa ohne Nationalstaaten. Wir brauchen eine »konkrete Utopie«. Mit dieser Vision einer besseren, einer gerechteren europäischen Gesellschaft wenden wir uns gegen die Erstarrung des Systems, gegen das Steckenbleiben im Vordergründigen, gegen den lähmenden Funktionalismus, gegen die Dominanz der Nationalinteressen, gegen die Ungleichheit zwischen den großen und kleinen Länder, gegen die zunehmende Entsolidarisierung, gegen die Bürgerferne im heutigen Lissabon-Europa und vieles mehr.

Mit unserer »konkreten Utopie« von einem anderen Europa wollen wir kein Idealbild malen. Dies allein schon würde dem Adjektiv »konkret« widersprechen. Nein, wir wollen trotz unserer Kritik an den bestehenden Verhältnissen, Mittel und Wege einer Realisierung aufzeigen, die zu einer radikalen Veränderung der heute vorfindlichen europäischen Gesellschaft führen.

Wir können zwar die Nationalstaaten nicht sofort abschaffen, können aber sofort mit Ihrer Transformation beginnen. Staaten, die bereit wären, auf zentralen Politikfeldern ihre Souveränität aufzugeben, könnten sich zu einer Europäischen Föderation neuer Art zusammenschließen. Solche Politikfelder sind:

- Außen und Sicherheit
- Finanzen und Währung
- Einwanderung und Asyl
- Wirtschaft
- Umwelt
- Soziales
- Steuern.

Von allen real existierenden Föderationen kommt unserer Europäischen Föderation neuer Art das Schweizer Modell am nächsten. [15]
- Die föderalistische Ordnung wächst von unten nach oben. Sie bewahrt die kulturelle Vielfalt. Sie repräsentiert, ja, privilegiert die Minderheiten in übergeordneten Entscheidungsgremien.
- Ein solcher Föderalismus hat eine besondere Affinität zum Recht, zur Gleichheit seiner Glieder, zum Schutz autonomer Rechtsräume, zu breiter föderativer Partizipation, zu »föderativer Gerechtigkeit«, eingebettet in ein komplexes, ausgeklügeltes Gleichgewichtssystem.
- Ein solcher Föderalismus ermöglicht vielfältige Formen der unmittelbaren Demokratie in Gemeinde und Region. Sie fördert den Willen zur konstruktiven Mitarbeit.
- In einem solchen Föderalismus genießen alle den gleichen Schutz übergeordneter Werte. Auch bedeutet er ein Bekenntnis zur Pluralität, zum Zusammenleben in Toleranz, zur Achtung vor dem Andersartigen und anders Denkenden.

Europa von oben ist krisenanfällig, wie wir es oft in der fast 70-jährigen Geschichte europäischer Einigungsbemühungen erlebt haben. Seine Chance hat es von unten in einer kleinräumigen Unverwechselbarkeit und fairem Interessenausgleich, wenn es den Bedürfnissen der Menschen in Bildung, Kultur, Freiheit, sozialer Absicherung, Schutz von außen entgegenkommt, wenn auch der »normale« Arbeitnehmer das Gefühl hat, ihm gehe es ohne die EU schlechter. Eine europäische Föderation neuer Art ist nahe beim Alltag der Menschen. Ein solches Europa der Zukunft wird humanistisch, kulturell vielfältig, regional föderal, ein Volk von europäischen Völkern oder es wird gar nicht sein.

Ein altes Motto Mao Tse Tung (1893–1976) möge als kurzes Fazit gelten: »Es herrscht große Unordnung unter dem Himmel, die Lage ist ausgezeichnet.«

Überträgt man diesen zunächst dialektisch verblüffenden Gedanken auf die derzeitige Situation in Europa, so kommt man zu dem Schluss, dass die derzeitige »große Unordnung« unter dem europäischen Himmel Europa in die »ausgezeichnete Lage« versetzt, sich gründlich selbst in Frage zu stellen und sich quasi neu zu erfinden.

[Mai 2016]

Nachweise

(1) Megrew, Anthony (2008), Globalization and Global Politics, in: John Baylis.u.a., S.17

(2) Beck, Ulrich/ Dirk Lange (2005), Globalisierung und politische Bildung, in: Praxis Politik, H. 1, 1.Jg., Braunschweig, S.8

(3) Bacon, Francis (1870), Seven Volumes, Ed. V.Elles et al., op. cit: Novum Organum scientiarum, Vol. 1, London, p. 124

(4) Marx, Karl/ Friedrich Engels, Manifest der kommunistischen Partei (1848) , in: Karl Marx/ Friedrich Engels Werke, hrsg. v. Institut für Marxismus-Leninismus beim ZK (1972), Bd.4, s. 467

(5) ibidem, S. 466

(6) Giddens, Anthony (1995), Konsequenzen der Moderne, Frankfurt a. M., S.201

(7) Lyotard, Jean-Francois (1986), Das postmoderne Wissen, Wien

(8) Megrew (S. (1)), S. 24

(9) Sassen, Saskia (2008), Das Paradox des Nationalen, Frankfurt a. M., S. 404f.

(10) Wikipedia

(11) Asseuer, Thomas (2002), Wer hat Angst von der Utopie?, in: Die Zeit, Nr. 50, S.43

(12) Vgl. Credit Suisse (2016), Global Databook/ Economic Forum (2017), 12th Global Risk Report Forbes (2016), The World Billionaires / Hardoon, D./J. Slater (2015), Inaquality and the End of Extreme Poverty, Oxford/ Oxfam (2017), An Economy for the 99%, vorgelegt beim Weltwirtschaftsforum in Davos/ World Bank (2016), Poverty and Shared World Prosperity, Washington D.C.

(13) Bien, G. (1995), Gerechtigkeit bei Aristoteles, Nikomachische Ethik, Berlin, insbes. Buch V

(14) Epikur, Katechismus

(15) Vgl. Kinsky, Ferdinand, Die Diskussion über Regionalismus und Föderalismus in Frankreich, in: Esterbauer(1978)

Europa in Not

Die Ausgangslage

Selten waren Öffentlichkeit, Politik und Wissenschaft in ihrem Urteil so einig: Im Jahr 2015 durchlebte die Europäische Union ihre größte Krise seit Gründung der Gemeinschaft für Kohle und Stahl, also seit mehr als 63 Jahren. Die Europäische Gemeinschaft hat seit ihrem Bestehen viele Krisen erlebt: z.B. das Scheitern der Europäischen Verteidigungsgemeinschaft 1954; die Krise des »Leeren Stuhls« 1965; die Eurosklerose 1984; das Nein der Franzosen und Niederländer zur europäischen Verfassung 2005 und jetzt die Krise 2015.

Diese Krise der Entsolidarisierung, verursacht durch die Flüchtlingskrise, rüttelt an den Grundfesten, die die Europäische Union zusammenhalten. Im Gegensatz zu allen bisherigen Krisen haben wir es hier mit einer Grundlagenkrise zu tun.

Zum Krisenbegriff

Das griechische Wort k r i s i s bedeutet neben Urteil und Entscheidung auch soviel wie der Wendepunkt in einer Entwicklung. Als Lehnwort in der deutschen Sprache, nachweisbar im 16. Jahrhundert, meint es wie bei Hippokrates den Wendepunkt einer Krankheit, die Überwindung eines Tiefpunkts, zunächst mit Hoffnung und Zuversicht verbunden. Später verbindet man eher eine Bedrohung mit dem Begriff, die Furcht vor einer Katastrophe. Für die Ökonomie untersuchte Karl Marx Krisen im Zusammenhang mit seiner »Zusammenbruchstheorie«. Hieran wird man erinnert, wenn man den Zustand in der Europäischen Union analysiert.

Ursachen

Zum ersten Mal in der Geschichte europäischer Integration ist ein Zusammenbruch nicht ausgeschlossen. Die Fundamente, auf denen die Europäische Union ruht, - Humanität, Toleranz, Solidarität, Rechtsstaatlichkeit, Pressefreiheit, Einhaltung von Regeln – sind ins Wanken geraten. Diese in mehr als 700-jähriger Kulturgeschichte erkämpften Werte, die Europa ausmachen, scheinen ihre Strahlkraft verloren zu haben. Die Flüchtingskrise zeigt uns schmerzlich, wie brüchig die lange geglaubte europäische Stabilität ist.

Wir erleben eine zunehmende nationalistische Paranoia, die sich geradezu epidemisch, insbesondere in Osteuropa ausbreitet. Dieser überbordende Nationalismus hat Fremdenfeindlichkeit im Gepäck; Intoleranz allem, was nicht eigen ist, gegenüber; Dominanz der Mehrheiten über Minderheiten; Abschaffung demokratischer Standards; handstreichartige Beugung des Rechts und der Freiheit des Wortes; Schließung der offenen Gesellschaft; Anstreben einer ethnisch und kulturell homogenen Gesellschaft. Europa ist das Krisenland, aus dem»Flüchtlinge, Bakterien, Parasiten« gesellschaftszersetzend einströmen.

Gegenmaßnahmen

Was kann die Europäische Union solchen antieuropäischen Ressentiments, die selbst eine Zerstörung des gesamten Projekts in Kauf nehmen, entgegen setzen? Kann und will die EU verhindern, dass sich immer mehr Staaten immer weiter von ihr entfernen?

Auf den höchst gefährlichen Rechtspopulismus muss die Europäische Union mit einer Doppelstrategie antworten. Einerseits muss sie die Auseinandersetzung mit diesen Populisten offensiv führen, andererseits mit Festigkeit ihr Konzept einer demokratischen, offenen europäischen Gesellschaft vertreten.

Die Auseinandersetzung mit den scheinbar anderen Demokraten gehört zu einer politischen Streitkultur. Die EU muss die rechtsradikalen Ideologeme demaskieren. Die rechtspopulistischen Bewegungen haben keine Konzepte, wie sie moderne Volkswirtschaften managen wollen; wie sie sozialen Ausgleich in einer Gesellschaft erreichen wollen; wie sie in einer zunehmend globalisierten Welt, in der wir alle Fremde sind, das Fremdsein eliminieren wollen; welche Rolle sie in einer globalisierten Welt überhaupt spielen können. Die Europäische Union muss die Sprüche von der »unfranzösischen« Lebensart, von der »schleichenden Islamisierung«, von der zunehmenden kulturellen Überfremdung als Taktik entlarven, über Wahlen an die Macht zu kommen.

Aber das unheilvolle, explosive Gemisch aus rechtspopulistischen Sprüchen und einer nicht zu verkennenden allgemeinen Europaskepsis, ja, gar Ablehnung der EU, die teilweise nicht zu Unrecht als neoliberales Projekt empfunden wird, lässt sich nicht einfach wegdiskutieren.

Europa muss sich vielmehr mit seinen »Maxima« auseinandersetzend erklären, warum diese den Menschen dienen. Diese »Maxima« beschreibt Paul Valéry 1922 in seinen Europareflexionen so:

»Überall, wo der europäische Geist zur Vorherrschaft kommt, tritt ein Maximum an Bedürfnissen in Erscheinung, ein Maximum an Arbeit, ein Maximum an Kapital, ein Maximum an Ertrag, ein Maximum an Macht, ein Maximum an Eingriffen in die äußere Natur, ein Maximum an Beziehungen und Austausch.«

Europa ist mehr als diese »Maxima«, die ein Maximum an Ökonomie, den Kapitalismus, das Strukturprinzip des Weltmarktes, geschaffen hat.

Nochmal weise ich auf die mehr als 700-jährige Kulturgeschichte hin *(vgl. Böttcher 2014)*, die das hervorgebracht hat, wovon und wofür wir leben, die »das Leben lebenswert macht« (Jacob Burckhardt): die Selbstbestimmung, Würde und Freiheit des Individuums als Zentralinstanz der Demokratie; die Volkssouveränität; der Respekt vor der Freiheit, die immer die Freiheit »des Anders Denkenden« (Rosa Luxemburg) ist; die Solidarität mit den Schwachen der Gesellschaft und die absolute Herrschaft des Rechts.

Werden diese europäischen Werte auch gelebt und nicht nur wie auf einem Schild vor sich hergetragen, dann hat der Rechtspopulismus keine Chance, europaweit mehrheitsfähig zu werden.

Ein Wort zu Russland

Im Jahr 2016 muss die Europäische Union einen Neuanfang mit Russland machen.

Wenn »Politik die Kunst ist, das Notwendige möglich zu machen« (Kardinal Richelieu), dann ist es dringend notwendig, ein ideologiefreies Verhältnis zu Russland aufzubauen.

Mit der Übernahme der Krim durch Russland und dem damit einhergehenden Konflikt in der Ost-Ukraine wurde ein fast 40 Jahre alter Grundsatz internationaler Übereinkunft verletzt. Seit der »Konferenz für Sicherheit und Zusammenarbeit in Europa« von Helsinki vom 30. Juli 1975 war man sich zwischen Ost und West einig, in Zukunft

Konflikte nur durch Verhandlungen und Ausgleich zu lösen. Interessen sollten nie mehr mit Gewalt durchgesetzt werden. Trotz Verletzung dieses auch von Russland unterschriebenen Vertrages macht der Versuch keinen Sinn, Russland in der internationalen Politik isolieren zu wollen. Immer mehr sehen wir, dass dies nicht gelingen kann. Russland auszugrenzen – ob politisch, ökonomisch oder gar kulturell – wird scheitern. Russland war, ist und bleibt Teil der internationalen Gemeinschaft. Ohne Russland können internationale Großkonflikte, wie wir gerade in Syrien sehen und im Atomstreit mit Teheran gesehen haben, nicht gelöst werden. Wer Russland verstehen will, darf nicht an Ausgrenzung sondern muss an Einbeziehung denken. Sanktionen mögen in Südafrika und Persien zum Erfolg geführt haben, wenn auch erst Jahrzehnte nach ihrer Verhängung. Die Befürworter im Westen, Russland durch Ausgrenzung und Sanktionen in seinem politischen Handeln zu beeinflussen und in eine bestimmte Richtung zwingen zu wollen, haben Russland nicht verstanden.

Ohne eine Ost-West-Vertrauensbasis, die nur mit Russland in Verhandlungen auf Augenhöhe erreicht werden kann, können keine internationalen Konflikte gelöst werden.

Fazit

Neben vielen weiteren Aufgaben, die die Europäische Union im Jahr 2016 bewältigen muss, bleiben zwei zentral wichtig.

Nach Innen muss die EU das Flüchtlingsproblem im Sinne ihrer Wertvorstellungen lösen und nach Außen ist ein partnerschaftlicher Ausgleich mit Russland notwendig.

[Mai 2016]

Fünf Thesen zu Katalonien

1. Die Katalanen haben wie andere Nationen - die Schotten, die Basken, die Waliser, die Kosovaren – das Recht auf Selbstbestimmung, ein Grundrecht des Völkerrechts; Artikel 1 Ziffer 2 der UN-Charta und Internationale Pakt über bürgerliche, politische, soziale, wirtschaftliche und kulturelle Rechte vom 19.12.1966

2. Katalanen und Spanier gehören zwei unterschiedlichen Kulturen an, mit jeweils eigener romanischer Sprache und eigener historischer Vergangenheit. Im kollektiven Gedächtnis schlägt sich dies unterschiedlich nieder.

3. In Katalonien hat sich über die Jahrhunderte hinweg ein selbstbewusstes Bürgertum aus Handwerkern und Seeleuten herausgebildet, dessen politische Idee eine Republik war, während Madrid, Kastilien, der Monarchie anhing. Zwei unversöhnliche politische Systeme.

Die Arroganz der Macht hat sich jüngst wieder gezeigt, als Madrid mit Anwendung inakzeptabler Gewalt versuchte, das Referendum zu verhindern. Man wird erinnert an 1934 als Lluis Companys in Katalonien die Republik ausrief, nach dem Sieg Francos nach Frankreich flüchtete und nach der Auslieferung durch die Nazis an Spanien 1940 hingerichtet wurde. Aus spanischer Sicht ein Rebell, aus katalanischer ein hoch verehrter Nationalheld. Auch jetzt droht Madrid dem rechtmäßig gewählten katalanischen Ministerpräsidenten Carles Puigdemont wegen Rebellion den Prozess zu machen.

Nicht umsonst wird der unflexible, autoritäre, rigide, politisch unsensible Rajoy in seinen Methoden dabei mit Franco verglichen. Er sei der Vorsitzende einer Partei, der PP, ohne innerparteiliche Demokratie und mit individueller Bereicherung.

4. Der unverhältnismäßige Polizeieinsatz, der nicht vorhandene Respekt vor den Bürgern, gestützt auf eine verfassungsrechtliche Zwangsjacke, ist der Europäischen Union unwürdig. Aber auch sie stellt sich auf die Seite der Macht im Nationalstaat. Sie hat nicht unberechtigte Angst davor, dass die Unabhängigkeitsbestrebungen sich immer schneller in Europa ausbreiten. Sie hat aber auch keine Vorstellungskraft davon, wie zukünftig Europa anders aussehen könnte.

5. Separatismus – Nationalismus – Antiglobalismus nehmen nicht nur in Europa dramatisch zu. Diesen Bewegungen, die verständlich und berechtigt sind, kann man nicht mit noch mehr Nationalstaat begegnen.

Es geht nicht um eine fortschreitende Zerstückelung Europas, wie nicht nur von der EU befürchtet, nein, es geht um eine Neuordnung Europas. Das Europa der Nationalstaaten hat seine historische Funktion erfüllt. Es funktioniert nicht mehr.

Die Zukunft Europas liegt in einer regionalisierten europäischen Republik.

[Oktober 2017]

Europas Ohnmacht

Ein Nato-Staat wie die Türkei fällt militärisch in den Staat Syrien ein und verletzt damit das Völkerrecht. Dies trifft auch dann zu, wenn der Präsident der Türkei vorgibt, die Invasion diene dem Ziel, Terroristen im Norden Syriens bekämpfen zu wollen. Diesem militärischen Überfall dann den Ausdruck »Friedensquelle« zu verleihen, grenzt an perverses Denken.

Die Kurden, die dieses Gebiet in autonomer Verwaltung haben, sind Ziel des Angriffes. Sie waren lange in dieser Hochburg des sogenannten »Islamischen Staates« die »nützlichen Idioten«, die dem Westen, insbesondere den US-Amerikanern geholfen haben, die tödliche Gefahr, die uns bedrohte, zu besiegen.

Der US-Präsident hat in seiner unendlichen Weisheit entschieden, die Kurden, seine vormaligen Verbündeten, dem Machtspiel eines Erdogan auszuliefern. Er zog seine Truppen zurück und machte so den Weg für die türkische Invasion frei. Nachdem die Kritik für sein amoralisches Handeln, auch aus dem republikanischen Lager immer lauter wurde, fand er starke Worte bis hin zur Zerstörung der türkischen Wirtschaft. Seinen Worten ließ er ein paar wachsweiche Sanktionsankündigungen als Beruhigungspille für den Kongress folgen.

Zwischenzeitlich geht das Morden, die Vertreibung, ja, wahrscheinlich die ethnische Säuberung in den von Kurden verwalteten Gebieten weiter. Tausende verlieren ihr Zuhause, befinden sich auf der Flucht. Das menschliche Leid der Zivilbevölkerung wird dem Machtkalkül eines sich selbst überschätzenden Herrschers geopfert. Wie immer in Kriegen bleibt Menschlichkeit und Moral auf Kosten von Gewalt und Macht auf der Strecke.

Die geostrategische Lage

Nachdem die USA sich zurückgezogen haben, die Europäer eh keine Rolle spielen, entsteht ein Machtvakuum in dieser nach wie vor hochexplosiven Region. Mit klammheimlicher Freude füllt Russland dieses Vakuum aus. Wie Präsident Putin, ausgerechnet bei einem Besuch in Saudiarabien formulierte, will Russland die Probleme der Region »geostrategisch koordinieren«. Welche Rolle die Türkei in diesen Überlegungen einnimmt, ist noch nicht klar. Klar ist die Schwächung des Westens und die Stärkung Russlands. In Zukunft wird im Nahen Osten ohne Russland kein Problem mehr zu lösen sein.

Wo bleibt Europa?

Europa hat im Umfeld des Konflikts im Nahen Osten, der spätestens seit 1966 immer wieder und immer woanders aufflammte, alles politisch falsch gemacht, was man nur falsch machen konnte.

Es hat sich vorbehaltslos – insbesondere gilt dies für Deutschland – hinter die Politik Israels gestellt. Obwohl Israel seit 1966 keine UNO-Resolution befolgt hat, wagte man nicht, Israel dafür zu verurteilen. Von deutscher Seite wurde die Kritiklosigkeit gegenüber Israel mit seiner besonderen Verantwortung begründet. Ja, es gibt diese Verantwortung, ob der menschenverachtenden Verbrechen, die im Namen Deutschlands am jüdischen Volk begangen wurden.

Dies erzeugt zu Recht für meine Generation und für viele nachfolgende eine tiefe Kollektivscham. Allerdings kann den Deutschen keine Kollektivschuld suggeriert werden. Schuld ist immer individuell. So hat auch berechtigte Kritik an Israel wegen Verletzung von Menschenrechten nichts mit Antisemitismus zu tun.

Die fehlende Lösung des israelisch-palästinesischen Konflikts ist eine der Hauptursachen für die heutige Lage im Nahen Osten. Gemeinsam mit den USA könnte Europa zur Lösung dieses Konflikts beitragen, wenn die Palästinenser auf Augenhöhe einbezogen würden. Nach meiner Auffassung liegt die Konfliktlösung nicht in der Verfolgung zweier Staaten, sondern in einer Konföderation zwischen Israel und Palästina.

Eine weitere Ursache des Nahost-Chaos liegt in dem Überfall der »Koalition der Willigen« unter Führung der USA auf den Irak. Deutschland hat es damals richtig gemacht, als es gemeinsam mit Frankreich an dem Irak-Abenteuer sich nicht beteiligt hat. Auch die libische Tragödie geht auf das Konto des Westens.

Im Syrienkonflikt hat Europa seine Interessen nicht gewahrt und sich weitgehend zurückgehalten. Gut war es, weil es sich damit nicht direkt an dem Leid der Menschen beteiligt hat. Schlecht war es, weil es auch kein Leid verhindert hat. Allerdings hat sich Europa erpressbar gemacht, weil es sich nicht einigen konnte, wie mit den Flüchtlingen umzugehen sei. Die Hauptleidtragenden in der Flüchtlingsaufnahme waren neben der Türkei, der Libanon und Jordanien. Die weiter nach Europa ziehenden Flüchtlinge waren nur ein Bruchteil derjenigen, die insbesondere diese drei Länder aufgenommen haben. Europa war unfähig sich auf ein Verteilungssystem zu verständigen. Wie meist überwogen nationale Interessen das Gemeinschaftsinteresse. Solange ein Nationalstaat wie z.B. jetzt wieder Ungarn mit einem Veto ein allgemeines Waffenembargo gegen die Türkei blockieren kann, solange bleibt Europa weltpolitikunfähig. Aber auch Deutschland konnte sich nicht durchringen, nicht nur keine neuen Verträge abzuschließen sondern auch abgeschlossene Verträge zumindest auszusetzen. So treibt die Türkei wesentlich mit deutschen Panzern die Invasion voran.

Was jetzt nur helfen könnte, wäre ein gemeinsamer Druck der USA und der EU. Dem könnte die Türkei kaum standhalten. Allerdings müsste dieser Druck substanziell, nicht nur wortreich und symbolisch sein.

Die Situation der Kurden

Mittelfristig kann die Welt einem Volk von ca. 35 Millionen Menschen, das zusammenleben will, nicht vorenthalten, sich selbst zu regieren. Dies bedeutet für die Türkei, wenn sie in Frieden mit ihrer kurdischen Bevölkerung leben will, den Staat zu föderalisieren; also weitestgehende Autonomie für die Kurden.

Noch besser wäre es, den Kurden aus Teilen der Türkei, des Irak, des Iran und Syriens einen selbständigen Staat Kurdistan zu ermöglichen. Ich weiß, dass die Nationalstaaten aus ihrem Selbstverständnis dies nicht zulassen können. Einer solchen Vision des Rechts steht die Realität der Macht im Wege.

[Oktober 2019]

Die Zukunft Europas und der
Nationalstaat

Wir gehen davon aus, dass der Natinalstaat und mit ihm die nationalstaatlichbasierte Europäische Union in einer existentiellen Krise befinden. Diese Krise, die wir zur Zeit erleben, ist keine Krise wie viele andere, die wir in der 70-jährigen Geschichte des Versuchs, Europa zu integrieren, erlebt haben. Nach unserer Auffassung haben wir es mit einer Systemkrise epochalen Ausmaßes zu tun, einem Übergang von einer historischen Phase in eine andere, vergleichbar mit den ganz großen Umbrüchen der Vergangenheit, wie etwa den Neuordnungen Europas nach dem 30-jährigen Krieg 1648 oder nach dem Wiener Kongress 1815. Wir haben es zu tun mit einer Veränderung der Fundamente der westlichen Gesellschaften, aber auch weltweit, ohne zu wissen, wie wir in Zukunft leben wollen. Wir haben geglaubt, dass nach der Auflösung der antagonistischen Ideologien, hier des Kapitalismus, dort des Kommunismus, damit einhergehend der Untergang der Sowjetunion, sich eine Welt auf verträglichem Miteinander aufbauen ließe.

Das Gegenteil ist eingetreten, überbordender Nationalismus, Fremdenfeindlichkeit, Abschottung und vieles mehr. Dies empfinden wir als bedrohlich, sind verängstigt, ratlos und verunsichert. Einige der Verunsicherungen wollen wir als Beleg für unsere These heranziehen, dass die Europäische Union nicht reformierbar ist.

Der Hauptstörenfried für eine grundlegende Reform der EU ist der Nationalstaat. Er ist die eigentliche Ursache für die Systemkrise der EU, weil er selbst in einer Systemkrise steckt und damit zwangsläufig die nationalstaatlichbasierte EU mit hineinzieht. Er ist nicht bereit, seine Souveränität in einem notwendigen Maße auf die Ebene der EU zu verlagern. Nur dadurch könnte der Weg für eine europäische postnationale Demokratie freigemacht werden.

Wir gehen weiter davon aus, dass der Nationalstaat seine historische Funktion erfüllt hat, wie u.a. die Überwindung des Feudalismus. Auch Glauben wir nicht, dass der Nationalstaat« das letzte Wort der Geschichte ist«. »Die Nationen [und mit ihnen der Nationalstaat] sind nichts Ewiges. Sie haben einmal angefangen, sie werden einmal enden« wie es Ernest Renan 1882 formulierte. Der Nationalstaat ist an die Nation gebunden, nicht aber die Nation an den Nationalstaat, wie zum Beispiel die Nation der Kurden zeigt.Der Nationalstaat steht unter einem doppelten Druck. Er wird durch vielerlei Kräfte von innen und außen verändert. Von innen ist er mit wachsendem Loyalitätsschwund und zunehmender Orientierunglosigkeit seiner Bürgerinnen konfrontiert, weil er selbst orientierungslos geworden ist. Die Welt, in der der einzelne Mensch lebt, wird ständig unübersichtlicher.

Besonders verdichtet sich die Kritik der Bürgerinnen in dem Gefühl, es gehe in der Gesellschaft nicht gerecht zu. Neben der Bildungsgerechtigkeit, der Steuergerechtigkeit, der Generationengerechtigkeit steht die Verteilungsgerechtigkeit im Fokus. »Alle sozialen Werte- Freiheit, Chancen, Einkommen, Vermögen und die sozialen Grundlagen der Selbstachtung- sind gleichmäßig zu verteilen, soweit nicht eine ungleiche Verteilung jedermann zum Vorteil gereicht«, so John Rawls 1975. Wenn alle gleich behandelt werden, vergrößert dies die Nachteile für die sowieso schon Benachteiligten. Zurückgebliebene müssen auf Kosten der bisher Bevorzugten überproportional entschädigt werden. So wären zum Beispiel die Geringverdiener bei einer Lohnerhöhung zeitweise überproportional als Personen mit höherem Einkommen zu berücksichtigen. Der Einwand, dies verletze den Gleichheitsgrundsatz greift deshalb nicht, weil die Ausgangslage nicht gleich, sondern ungleich ist und jede prozentuale gleichmäßige Lohnerhöhung für alle Einkommensgruppen tendenziell die Ungleichheit verfestigt. Will man wirklich die Ungleichheit in einer Gesellschaft verringern, muss man die von allen erwirtschafteten Güter ungleich verteilen. Nur Gleiche können gleich, Ungleiche müssen mit dem Ziel einer Annäherung an die Gleichen ungleich behandelt werden. Gelingen wird dies nur, wenn wir die Forderung Aristoteles (384- 322} beherzigen Ethik, Politik und Ökonomie in Einklang zu bringen, dann hätte der Populismus kaum eine Chance.

Der Druck von außen auf den Nationalstaat nimmt durch die Globalisierung zu, seine Handlungs- und Gestaltungsfähigkeit stetig ab. Er kann seine poltischen und ökonomischen Ordnungsvorstellungen nur noch bedingt durchsetzen. Die »Ideologie der Weltmarktgesellschaft« blendet außer der ökonomischen Dimension alle anderen Dimensionen, wie etwa die soziale, kulturelle, ökologische, politische und zivilgesellschaftliche aus. Im »Globalismus« lassen sich die Ziele am besten optimieren, wenn »Staat, Gesellschaft, Kultur und Außenpolitik wie ein Unternehmen geführt werden. Es handelt sich in diesem Sinne um einen Imperialismus des Ökonomischen«, wie es Ulrich Beck Beck und Dirk Lange 2005 ausdrückten.

Ein weiterer wichtiger Punkt für die abnehmende Kontrollfähigkeit des Nationalstaates sei noch erwähnt. Dem Nationalstaat, aber auch der Europäischen Union fehlt jegliche Kontrolle über die internationalen Kapitalmärkte, den größten deregulierten globalen Markt. Im Jahr 2016 betrug der gesamte Welt-Warenhandel ca. 16.000 Milliarden US-Dollar, der tägliche Devisenhandel 5.000 Milliarden US-Dollar. Daran zeigt sich besonders deutlich die Machtlosigkeit der Nationalstaaten. Hinzu kommt der Druck, der ausgeübt wird, durch grenzenlose Deregulierung und neo-liberale »Überbietungslogik« die Widerstände für die »Fließgeschwindigkeit« des Kapitals auszuräumen. Thomas Assheuer bringt es 2002 in »Die Zeit« auf den Punkt: »Es ist ja nicht nur Joseph Stiglitz [Nobelpreisträger für Wirtschaft 2001], der befürchtet, dass die neoliberale Überbietungslogik buchstäblich im Nichts mündet. Ständig entdeckt die Abbau-Politik neue Hindernisse und Widerstände, die dereguliert und geräumt, flexibiliert und gebrochen werden müssen, um die Fließgeschwindigkeit des Kapitals und des Wissens zu erhöhen. Zu Ende gedacht, hieße das: Erst dort, wo nichts Altes, nichts Außerökonomisches mehr auffindbar ist, käme die Ökonomie zur vollen Blüte«.

Wir fassen die Hauptgründe für die nach unserer Auffassung reform- und zukunftsunfähige Europäische Union zusammen.

Die Europäische Union hat etwas geleistet, was nicht hoch genug anzuerkennen ist. Sie hat für einen Teil Europas 70 Jahre Frieden garantiert. »Der Frieden ist nicht alles, aber alles ist ohne den Frieden nichts« (Willy Brandt). Sie ist ein mehr oder weniger erfolgreiches neoliberal ökonomisches Projekt. Politisch und sozial ist sie ein Torso geblieben. Dies liegt insbesondere daran, dass die Nationalstaaten nicht bereit sind, in notwendigem Maße Souveränität auf die Union zu übertragen. Man kann auch formulieren, die Krise, in der wir stecken ist eine Krise der Souveränität, wie es Etienne Balibar 2016 sieht. In der derzeitigen Form gemeinsamer Entscheidungsfindung in der EU wird Souveränität durch kollektive, meist einstimmige Beschlüsse der Staats- und Regierungschefs ausgeübt. Jedes Mitgliedsland kann bei Angelegenheiten, die in seinem nationalen Interesse liegen, mit einem Veto die Beschlüsse blockieren.

Nationalstaat und Nationalismus gingen im Laufe der Geschichte eine symbiotische Verbindung ein. Der zunehmende aggressive Nationalismus gaukelt uns den Rückzug auf den anheimelnden Nationalstaat vor; verspricht uns Abschottung all dessen, was nicht national eigen ist, einhergehend mit Fremdenfeindlichkeit. Er bedroht unsere in einer jahrhundertelangen Kulturgeschichte erworbenen Werte. Er untergräbt unsere Demokratie. Nationalismus und Transformation der Nationalstaaten müssen zusammen gedacht werden.

Jenseits aller Gänsefüßchen hat Robert Menasse recht, wenn er 2012 feststellt: »Entweder geht das Europa der Nationalstaaten unter oder es geht das Projekt der Überwindung der Nationalstaaten unter«.

Die Schlussfolgerungen aus der bisherigen Skizze einer nicht reformierbaren Europäischen Union ist der Vorschlag, diese neu zu gründen. Die sogenannten Realisten werden mich einen Utopisten nennen. Aber, was die Vorstellung eines anderen Europa verheißt, »wird dann in Zukunft Wirklichkeit sein, wenn es in der Zeit verkündet wird, da es noch unmöglich scheint« *(Hommes 1974, 1576)*. Ich kann mich voll und ganz Oskar Negt anschließen, wenn er am Ende seines Buches »Der politische Mensch« feststellt: »Nur noch die Utopien Sind realistisch« *(Negt 2010, 560)*.

Also schlage ich als realistische Vision ein Neugründung Europas vor in einer regionalisierten Republik.

Die beiden Nationalstaaten Frankreich und Deutschland verlassen die Europäische Union, deren Rest zunächst als Freihandelzone weiter existieren kann, und begründen in einem Gesellschaftsvertrag die Europäische Republik, die ihren Bürger*innen Rechtgleichheit garantiert. Der zweite Grundpfeiler dieses Vertrages ist die Region mit einer eigenen Regionsräson *(Böttcher 2014b)*. Nur dort kann der

Mensch im wahren Sinne Citoyen sein. In einer solch regionalisierten Republik, nahe beim Alltag der Menschen, die möglichst solidarisch mit direktdemokratischer Beteiligung aller Betroffenen die anfallenden Probleme zu lösen und die europäischen Werte zu leben vermag.

Diese Idee, Frankreich und Deutschland in einem Staat zu vereinigen, äüßerte zum ersten Mal der große Frankreichversteher, der Publizist Ludwig Börne (1786–1837) in seiner Dissertation 1807, dann wieder in der von ihm herausgegebenen Zeitschrift »La Balance« im Jahr 1836 *(vgl. Ludwig Börne in: Böttcher 2019).*

Kurz danach (1842 und 1867} griff Victor Hugo (1802–1885} diesen Gedanken auf und setzte sich mit ihm in einer Grundsatzrede am 1. März 1871als Mitglied der sich neu konstituierenden Nationalversammlung in Bordeaux auseinander. Hugo warnte und beschwor Franzosen und Deutsche: »Nunmehr wird es in Europa zwei fürchterliche Nationen geben: die eine, weil sie gesiegt hat, die andere, weil sie verloren hat«. Weder sollte sich die eine dem Siegestaumel hingeben noch die andere Revanchierungsgelüsten, vielmehr sollten »wir in Zukunft ein einziges Volk bilden«, eine »einzige Republik«. »Keine Grenzen mehr« rief er aus »der Rhein gehört allen! Seien wir eine Republik, bilden wir die Vereinigten Staaten von Europa! Gründen wir die europäische Freiheit, den Weltfrieden« *(Hugo 1871, in: Lützeler 1992, 178).*

Im Nachhinein kann man nur ausrufen: Ach, hätten wir doch auf den Dichterfürsten gehört, wieviel unsägliches Leid wäre uns erspart geblieben. So bedurfte es zweier menschenverachtenden Kriege, um endlich zur Vernunft zu kommen. Männer wie Churchill (1874–1965), Adenauer (1876–1967), Monnet (1888–1979) und andere glaubten ebenfalls, nur durch ein deutsch- französische Union, eine

Art Fusion könne Europa gerettet werden *(vgl. Churchill 1946, 179; Adenauer 1950, 312; Monnet 1950, 376).*

»Mit einer solchen Vereinigung dieser beiden wichtigen Nationalstaaten könnte der zentrale Denkansatz des Föderalismus als Lebens- und Ordnungsprinzip in einer 1. Europäischen Republik umgesetzt werden. Zwei große bestimmende Kulturströme des alten Europa könnten in einem großen Strom zusammenfließen als Erinnerung und Vermächtnis für Zukunftsgestaltung« *(Böttcher 2014a, 755; vgl. ibid. 751ff. weitere Details).*

Natürlich würden andere europäische Staaten eingeladen, sich mit ihren Kulturen dem Strom anzuschließen, wenn sie bereit wären, die Verfassung der Republik ohne Wenn und Aber unter Aufgabe ihrer nationalen Souveränität zu akzeptieren.

Das Europa der Zukunft wird föderal, regional, humanistisch, rechtsgleich, kurz republikanisch, oder es wird gar nicht sein.

[Februar 2020]

Zur Flüchtlingskrise

»Wir haben unser Zuhause und damit die Vertrautheit des Alltags verloren. Wir haben unseren Beruf verloren und damit das Vertrauen eingebüßt, in dieser Welt irgendwie von Nutzen zu sein. Wir haben unsere Sprache verloren und mit ihr die Natürlichkeit unserer Reaktionen, die Einfachheit unserer Gebärden und die Ungezwungenheit unserer Gefühle. Wir haben unsere Verwandten in den polnischen Ghettos zurückgelassen, unsere besten Freunde sind in den Konzentrationslagern umgebracht worden und dies bedeutet den Zusammenbruch unserer privaten Welt.«

Mit solch eindrucksvollen, zeitlosen Worten beschreibt Hannah Arendt 1943 in ihrem Essay »Wir Flüchtlinge« die Verzweiflung, die jeder Flüchtling fühlt, wenn er seine Heimat, aus welchen Gründen auch immer, verlassen muss.

Und uns, die wir zufällig in einer besseren Welt noch leben dürfen, fehlen die Antworten auf dieses Massenphänomen der Gegenwart.

Migration gibt es, seit der Mensch sich aufgemacht hat, Räume zu besiedeln. Von Anbeginn, als der Homo Sapiens vor ca. 40.000 Jahren vom Süden nach Norden einwanderte, ist Migration ein fester Bestandteil der Menschheitsgeschichte.

Täglich werden wir konfrontiert mit bei uns Schutz suchenden Menschen, die durch Krieg, Hunger oder andere Katastrophen gezwungen sind, ihre Heimat zu verlassen.

Bei vielen Menschen, nicht nur in Europa, lösen Fremdlinge Angst aus. Angst ist tief eingeprägt in die menschliche Psyche. Alles, was einem fremd ist, verunsichert, macht misstrauisch, macht vorsichtig. Fremdheit verbindet man mit Gefahr. Fremdheit ist unberechenbar. Fremdheit dringt in unser vertrautes Leben ein. Fremdheit zerstört Dinge, die uns lieb und teuer sind.

Alle unsere Vorurteile laden wir auf Flüchtlinge ab. Sie schleppen fremde Krankheiten ein. Sie wollen unser Sozialsystem ausnutzen, werden als »Sozialschmarotzer« diffamiert. Viele kommen mit der Absicht, Europa zu islamisieren.

Wenn bei dem einen oder anderen solche persönlichen Ängste noch nachvollziehbar sind, so ist es unerträglich, in welcher Art und Weise Politiker diese Ängste für ihre Interessen instrumentalisieren.

Geradezu epidemisch breitet sich europaweit Fremdenhass durch rechtsextreme Parteien aus. In einigen Ländern ist diese Phobie schon auf Regierungsebene angekommen, wie z.B. in Ungarn oder Polen. Aber kein Land in der EU ist frei von dem Virus des Rassismus und Rechtsextremismus. Dies gefährdet unsere demokratische Gesellschaftsordnung. Man muss befürchten, die Demokratie als westliches Lebensmodell befindet sich nicht nur in der Defensive, sondern sogar auf dem Rückzug.

Diese Verunsicherung, die zunehmende Orientierungslosigkeit, ist zwar nicht vorrangig der Flüchtlingskrise geschuldet. Sie ist aber das Medium für die Populisten.

Nach wie vor spaltet die Flüchtlingsproblematik die deutsche wie auch andere Gesellschaften gleichermaßen. Bisher finden wir keine Mittel , diese Spaltung zu überwinden, da Staaten wie Ungarn und Polen, denen selbst erhebliche europäische Solidarität zu Teil wurde, sich unsolidarisch bis zur Sturheit verweigern.

Eine europäische Lösung ist also nicht in Sicht. Die Europäische Union ist handlungsunfähig. Sie ist blockiert durch das Einstimmigkeitsprinzip. Sie ist blockiert durch die Gefahr des Auseinanderbrechens. Nicht einmal im Ansatz wird diskutiert, die Flüchtlinge auf die Staaten der Willigen zu verteilen bei gleichzeitiger Kürzung der Gelder der Unwilligen. Man weiß ja, was ein Flüchtling für das aufnehmende Land kostet.

Der verzweifelte Vorschlag der Ampel, das Problem an die Außengrenzen zu verlagern und durch ein rigoroses Mehr an Abschiebungen zu lösen, führt nur tiefer in die menschenverachtenden Hotspots z.b. in Griechenland.

Jean Ziegler, vormaliger Professor für Soziologie in Genf und an der Sorbonne, von 2009 bis 2019 Vizepräsident des beratenden Ausschusses des UN-Menschenrechtsrates, klagt nach einem Besuch auf Lesbos an:»Wir haben gesehen, dass die Hotspots in Wahrheit Haftzentren sind, die den Bewohnern die Freiheit nehmen und zahlreich gegen Menschenrechte verstoßen, insbesondere das Recht auf Gesundheit, das Recht auf angemessene Unterkunft, das Recht auf Familie, das Verbot von Folter und anderen unmenschliche Bchandlungen, gegen das Recht auf Asyl und jeden anderen Schutz, den das Völkerrecht verlangt«.

In den fünf Hotspots der Ägäis Inseln – Lesbos, Kos, Leros, Samos, Chos –, vorgesehen für 6400 Personen leben ca. 40000 Menschen, zwei Drittel davon Frauen und Kinder. Leben ist ein vornehmer Ausdruck für vegetieren in einer Art von»Konzentrationslagern«: Keine angemessene Unterkunft – 18 Menschen hausen in einem Container und wechseln sich zum Schlafen im Schichtbetrieb ab; keine abschließbaren Toiletten; keine ausreichende medizinische Versorgung; fehlendes, oft verdorbenes Essen; Kinder spielen im Schlamm und Abfall.

Damit Kinder in ihrem Hilfeschrei gehört werden, greifen sie zu außergewöhnlichen Mitteln»Häufig sind die Körper der jungen Menschen mit Narben bedeckt. Meist handelt es sich um Selbstverstümmelungen. Mit Messern schneiden sich die Jugendlichen in ihre Unterarme und Waden.« *(Jean Ziegler)*

Kinder laufen in Ihrer Entwicklung rückwärts. Sie hören auf zu sprechen, zu spielen und zu essen. Sie beißen sich in ihre eigenen Arme, reißen sich die Haare aus. Immer mehr versuchen sich umzubringen. *(vgl. Die Zeit, 18.12.2020)*

Warum ist so etwas in Europa möglich, dass seine Werte wie eine Mantra vor sich herträgt? Warum stehen wir nicht auf und klagen an? Sind wir abgestumpft, oder wollen wir nicht täglich an unser schlechtes Gewissen erinnert werden?

Es gibt zwar keine Kollektivschuld der Bürger*Innen in den Mitgliedstaaten. Sehr wohl aber gibt es eine Kollektivscham, die jeder Europäerin und jedem Europäer und allen gemeinsam sein sollte, eine Scham darüber, wie tief Europa moralisch versagt hat.

Wir brauchen eine Debatte darüber, wie wir mit Flüchtlingen umgehen, die auch zukünftig nicht aufzuhalten sind und zu uns kommen werden.

Wir brauchen eine Debatte darüber, das kulturelle Gut, das Flüchtlinge mitbringen. als Bereicherung zu begreifen.

Wir brauchen eine Debatte darüber, wie wir unseren Blick weiten können für die »Schönheit der Andersartigkeit«.

Wir brauchen eine Debatte über uns selbst, um unsere Hilflosigkeit zu überwinden.

[Februar 2020]

Internationale Konflikte

Beginn einer anderen Zeit

Die EU und Russland

Der Ukrainekrieg und seine Folgen (Vortrag)

Der Nahe Osten – Ein Dauerkonflikt

Beginn einer anderen Zeit

2014 - 2022 – Acht verlorene Jahre

Die vorliegende Skizze »Russland und der Westen« ist das Ergebnis der Auseinandersetzung mit dem Ukraine-Konflikt seit der völkerrechtswidrigen Annexion der Krim durch Russland. Sie basiert auf der Überarbeitung von sieben online-Beiträgen, die ich seit dem 22. Juli 2014, teils auch in Russisch, veröffentlicht habe. *(vgl. elcor international, commentaries)*

Mit seiner Rede an die Nation und ihren Folgen hat der russische Präsident grenzüberschreitend eine alte Ordnung zerstört. Auch hat er angedeutet, wie die künftige europäische Ordnung in seinem Sinne aussehen soll.

Acht Jahre bin ich davon ausgegangen, dass Putin ein seriöser, wenn auch schwieriger Gesprächspartner, für den Westen ist. Ich bin davon ausgegangen, dass er an einem Interessenausgleich mit dem Westen interessiert ist. Ich bin davon ausgegangen, dass er nach der Annexion der Krim keine weitere völkerrechtswidrige Grenzverletzungen vornimmt. Ich bin davon ausgegangen, dass auch er interessiert ist, eine Vertrauensbasis zwischen Russland und dem Westen im sinne einer gemeinsamen europäischen Friedensordnung aufzubauen. Ich bin davon ausgegangen, dass es wissenschaftlich begründete Modelle gibt, wie zum Beispiel die Gradualismustheorie, die ein Konfliktmanagement zwecks Lösung internationaler Konflikte anbietet.

Ich bin davon ausgegangen, dass es so etwas wie »Wirklichkeitssinn« auch in der Internationalen Politik gibt.

»Denn das Reale enthält in seinem Sein die Möglichkeit eines Seins wie Utopie, das es gewiß noch nicht gibt, doch es gibt den fundierten, fundierbaren Vor-Schein davon und dessen utopisch-prinzipiellen Begriff, so politisch wie ethisch wie ästhetisch wie metareligiös.« *(Bloch, 1975)*

Als Ernst Bloch in seinem Buch »Experiment Mundi« 1975 diesen Gedanken äußerte, erwachte durch geistige Verarbeitung der politischen Wirklichkeit die Möglichkeit, altes Denken hinter sich zu lassen. In der »Konferenz für Sicherheit und Zusammenarbeit in Europa« *(vgl. Anhang 1)* überschritt das politische Denken in Europa die bis dahin gelebte Realität des Kalten Krieges. Daraus erwuchs eine Handlungsperspektive der Hoffnung. Aus dem »Wirklichkeitssinn« wurde »Möglichkeitssinn« *(vgl. Musil, 19f.)*, nämlich die Möglichkeit, Europa gemeinsam zwischen Ost und West friedlich aufzubauen.

Nach der Annexion der Krim habe ich in vielen Beiträgen versucht, eine zukünftige Bestimmung für eine friedliche europäische Entwicklung zu finden. In der vorgelegten Skizze dieses Buches kann es nachgelesen werden.Dieser in dem Buch vertretene »Möglichkeitssinn« wurde nicht zur Wirklichkeit.

Er wurde zerstört durch einen skrupellosen Machtanspruch Putins, dargelegt in seinen Propaganda- und Drohreden am und nach dem 21. Februar 2022.

Wladimir Putin – Der irre Rationalist

In der westlichen und internationalen Presse und anderen Medien können wir nach den Reden vom 21. Februar 2022 lesen oder hören, insbesondere nach dem Überfall auf die Ukraine, »habe er den Verstand verloren«, er sei »wahnsinnig«, »größenwahnsinnig«, »ein Verrückter«.

Analysiert man seine einstündige Rede an sein Volk am 20.2.2022, so kommt man zu einem anderen Ergebnis. Wir haben es zu tun mit einem vom Westen enttäuschten, kaltblütigen, skrupellosen Machtmenschen, der rational und eiskalt seine Ziele verfolgt. Um diese Ziele seinem Volk schmackhaft zu machen, scheut er sich nicht, ein raffiniert zusammengebasteltes Gemisch von Lügen, Geschichtsklitterung und Tatsachen so geschickt zu präsentieren, dass er den Zuhörer erstaunt, verwirrt und überzeugt zurücklässt.

Ein paar wenige Beispiele mögen dies belegen:

Im Falle der Staatlichkeit, die Putin der Ukraine abspricht, vielleicht der schwerste Angriff, greift er gedanklich, ohne Nennung der Quelle, auf Rosa Luxemburg (1871–1919) zurück. Er macht Wladimir Lenin als den eigentlichen Staatsgründer der Ukraine aus. Rosa Luxemburg schrieb:

»Der ukrainische Nationalismus war nichts als eine einfache Schrulle, eine Fatzkerei von ein paar kleinbürgerlichen Intelligenzlern, ohne die geringsten Wurzeln in den wirtschaftlichen, politischen oder geistigen Verhältnissen des Landes, ohne jegliche historische Tradition, da die Ukraine niemals eine Nation oder einen Staat gebildet hatte, ohne irgendeine nationale Kultur …

Und diese lächerliche Posse von ein paar Universitätsprofessoren und Studenten bauschte Lenin und Genossen durch ihre doktrinäre Agitation mit dem ′Selbstbestimmungsrecht′ bis einschließlich usw. zu einem politischen Faktor auf.« *(Luxemburg b. Klimeniouk, in: FAZ, 24.2.2022)*

Selbst, wenn es so wäre, kann 1917 nicht als Beleg für die heutige angebliche Nicht-Staatlichkeit der Ukraine herangezogen werden.

Kein Wort widmet der Hobbyhistoriker der Unabhängigkeitserklärung der Ukraine vom 19. August 1991. Kein Wort über das, mit großer Mehrheit von 90,3 % der abgegebenen Stimmen, am 1. Dezember 1991 angenommene Referendum über die Unabhängigkeitserklärung. Kein Wort über die Anerkennung der Ukraine durch Russland am 2. Dezember

1991. Kein Wort über die Festlegung der Grenzen im russisch-ukrainischen Freundschaftsvertrag vom 31. Mai 1997. Kein Wort über das Abkommen vom 14. Januar 1994, das von den Präsidenten Russlands, der Ukraine und der Vereinigten Staaten von Amerika unterzeichnete Abkommen über die Vernichtung der Atomwaffen einschließlich der Trägerraketen. Im Gegenzug garantierten Russland und die USA der Ukraine ihre Unabhängigkeit, ihre Souveränität und territoriale Integrität sowie die Zusage keine Atomwaffen gegen das Land einzusetzen.

Keine einzige Erwähnung findet man in der Rede über den Demokratisierungsprozess, dokumentiert in vielen freien Wahlen seit 1991.

Lügen durch weglassen

Wenn willkürlich historische Ereignisse herausgegriffen würden, um im 21. Jahrhundert eine gewaltsame Verschiebung von Grenzen zu begründen, würde wahrscheinlich kaum ein Staat so aussehen, wie er aussieht.

Begründungen für die Aberkennung der ukrainischen Staatlichkeit sieht Putin in dem »rechtsextremen Nationalismus«, in der »aggressiven Russophobie« und im »Neonazismus«.

Er beschreibt das »verzweigte Netz von Nichtregierungsorganisationen« als Handlanger für die »politischen Regierungsinstitutionen«, um diese den »eigennützigen Interessen der »schnell wachsenden Clans anzupassen. Die »Oligarchen, einige Industrie- und Finanzkonzerne« sind für Putin die eigentlichen Machthaber in der Ukraine..

»Eine stabile Staatlichkeit hat sich in der Ukraine nie herausgebildet; die Wahl und sonstigen politischen Verfahren dienen nur als Deckmantel, als Projektionsfläche für die

Umverteilung von Macht und Eigentum zwischen verschiedenen Oligarchenclans.«

Er prangert die das übliche Maß überschreitende Korruption an, die »die ukrainische Staatlichkeit, das gesamte System und alle Bereiche der Macht buchstäblich durchdringen und zersetzt.« »In der Ukraine gibt es keine unabhängige Justiz.«

Erstaunlich ist, dass Putin offensichtlich nicht merkt, wie genau er sozusagen Russland mit dem Einfluss der steinreichen Oligarchen auf die Politik beschreibt. Er demaskiert sich geradezu selbst. Zum Beispiel zur Korruption: Der Korruptionsindex von »Transparancy International weist zwar für die Ukraine den Platz 122, für Russland aber den Platz 136 aus.

Auch der beschriebene Einfluss der Oligarchen auf die Politik der Ukraine mag stimmen. Aber die schamlose Ausbeutung des russischen Volkes durch die Oligarchen nach dem Zusammenbruch der Sowjetunion ist damit kaum vergleichbar.

Ein großer Teil seiner Rede widmet er dem angeblichen Versprechen der Nato, sich nicht nach Osten auszudehnen. Hier fühlt sich Russland betrogen. *(vgl. dazu das Kapitel »Das russische Gefühl der Bedrohung« in diesem Buch)* Bisher bestritt der Westen, dass es im Rahmen der deutschen Wiedervereinigung ein solches Versprechen gegeben habe.Nun machte am 18.Februar 2022 der amerikanische Politikwissenschaftler Joshua Shifrinson auf ein Dokument aufmerksam, das er im britischen Nationalarchiv entdeckt. Der politische Direktor des deutschen Außenministeriums, Jürgen Chrobog erklärte am 6. März 1991 bei einem Treffen mit seinem amerikanischen, britischen und französischen Kollegen: Wir haben in den 2+4-Gesprächen deutlich gemacht, dass wir die NATO nicht über die Elbe ausdehnen. Wir können daher Polen und den anderen keine NATO-Mitgliedschaft anbieten.« *(t-online, 19.2.2022)*

Verfolgt man die Diskussion zur NATO-Osterweiterung im Rahmen der Wiedervereinigung Deutschlands, dann spricht einiges für die russische Behauptung, eine NATO-Osterweiterung werde man nicht vornehmen.

Einen Tag nach der Anerkennung der sogenannten Volksrepubliken haben diese um militärischen Beistand gebeten. Nach einem weiteren Tag gab Putin den Befehl, die Ukraine anzugreifen.

Es ist mehr als zynisch,

- diesen Überfall auf einen souveränen Staat als Friedensmission zu bezeichnen;
- den Angriff mit dem Verweis auf Artikel 51 der UNO-Charta auf Selbstverteidigung zu begründen;
- in einem Atemzug, die Ukraine als Brudervolk zu bezeichnen und gleichzeitig den Bruder umzubringen;
- die russischen Väter und Großväter als Zeugen in Anspruch zu nehmen, »sie hätten nicht dafür gekämpft, dass die heutigen Neonazis der Ukraine die Macht an sich reißen;
- von einem Genozid an der russischstämmigen Bevölkerung im Donbass zu sprechen, wobei das russische Militär in nur fünf Kriegstagen mehr als dreimal so viele unschuldige Kinder, Frauen und Männer ermordet hat.

Der Despot hat mit seinen Wut- und Drohreden jedes zivilisierte Maß in politischen Auseinandersetzungen verloren. Erscheint außer Kontrolle seiner selbst und des inneren Machtapparates zu sein. Denn dem Westen zu drohen, bei einer Behinderung seiner Aktion werde »die Antwort Russlands sofort erfolgen und zu Konsequenzen führen, die Sie in ihrer Geschichte noch nie erlebt haben.«

Die in Wien lebende ukrainische Schriftstellerin Tanja Maljartschuk beschreibt Diktatoren wie Putin so:

»Sie manipulieren, kontrollieren, lügen, bluffen, entschuldigen sich niemals, nehmen nie Verantwortung auf sich, zersetzen die Wahrheit, stellen sich als Opfer dar. Obwohl das Ziel ihrer Aggression die Aggression selbst ist, erfinden sie immer einen plausiblen Grund für ihre Gräueltaten. Sie greifen nur dann an, wenn sie denken der Gegner sei schwach genug. *(SZ, 24.02.2022)*

Wladimir Putin gehört angeklagt vor dem International Gerichtshof in Den Haag.

Die geo-politische Dimension des Krieges

Die Bedeutung und die Folgen werden weit über das Ereignis hinaus Wirkung zeigen, ökonomisch und politisch. Die Ansprüche des russischen Präsidenten, eine geglaubte Nachkriegsordnung, mit Russland entworfen,in Europa in seinem Sinne zu verändern, deutet auf eine Systemkonfrontation hin.

Es ist ein Zeichen einer längst im Gange befindlichen tiefgreifenden Auseinandersetzung über die Frage, wie werden wir in Zukunft leben, in einem autokratischen oder demokratischen System? Erst jüngst am Rande der Olympischen Spiele (4.2.2022) waren sich die Präsidenten Chinas und Russlands einig, den Einfluss der USA weltweit einzudämmen. Putin hat in vielen Äußerungen lange vor dem Angriff auf die Ukraine nie ein Hehl daraus gemacht, die USA und Europa einander zu entfremden.

Durch seinen Überfall auf einen souveränen europäischen Staat hat er das Gegenteil erreicht, nämlich einen Schulterschluss zwischen Europa und den Vereinigten Staaten von Amerika. Jedoch bleibt das Ziel bestehen. Die euro-atlantische Einheit kann nur zerstört werden durch deren Mitgliedstaaten selbst. Die größte Gefährdung dieser Einheit geht von den Vereinigten Staaten aus. Ich denke zum Beispiel an die Midterm-Wahlen im November 2022. Sollten die Republikaner gewinnen – so wie es heute aussieht –, wird die Einheit zwischen den USA allmählich zerbröseln. Da es weiter nicht ausgeschlossen ist, dass Donald Trump 2024 erneut Präsident der Vereinigten Staaten wird, würde danach die heute vorhandene Einheit zerstört.

Wie völlig bar jeder Vernunft Trump denkt, haben wir vier Jahre erlebt. Jetzt aber Putins Krieg in der Ukraine als »genial« zu bezeichnen - »Das ist die stärkste Friedenstruppe, die ich je gesehen habe. Ich habe noch nie so viele Heerespanzer gesehen. Die werden den Frieden bewahren.« – lässt einen endgültig an seinem Verstand zweifeln. *(vgl. FAZ, 24.2.2022)*

Es ist also nicht ausgeschlossen, dass Europa 2024 es mit einer von den Republikanern geführten USA zu tun bekommt. Unabhängig davon, wer der nächste Präsident sein wird, wird die Systemkonfrontation zwischen China und den Vereinigten Staaten weiter sich verschärfen.

Die Europäer sollten sofort damit beginnen, ihre Verteidigungsfähigkeit im Zweifel auch ohne die USA sicherzustellen. Von der ökonomischen Potenz können wir das, wenn wir es nur wollen.Die Ereignisse um die Ukraine und die noch nur verbalen Angriffe Putins auf Europa, außerhalb der Ukraine, sollten uns zu denken geben.

Aber nicht nur in Europa findet die Systemkonfrontation zwischen China und Russland auf der einen und der euro-atlantischen Gemeinschaft auf der anderen Seite statt. Der afrikanische Kontinent ist schon lange Schauplatz dieser Auseinandersetzungen, mit Vorteilen für China, weil der Westen zu spät erst die Situation erkannt hat.

Der Nahe Osten mit dem Syrienkrieg und der falschen Politik der »Willigen« im Irak. Aus diesem Krieg ist Russland gestärkt auf die Weltbühne zurückgekehrt, Dort hat Russland die USA geschickt ausgetrickst, auch weil Europa keine Rolle spielte. Die dort aufgetretene Schwäche des Westens hat Putin vielleicht auch veranlasst, weiter die Schwäche des Westens zu testen, indem er die Ukraine überfiel.

Neben Europa, Afrika und Lateinamerika findet vielleicht die entscheidende Systemkonfrontation in Asien statt. Ende der 1970er Jahre war das Bruttoinlandsprodukt Chinas kleiner als dasjenige Nordrhein-Westfalens. Wäre Nordrhein-Westfalen ein selbstständiger Staat gewesen hätte es an 14. Stelle weltweit, einen Platz vor China, gelegen. In etwa 40 Jahren ist China zur zweitgrößten Volkswirtschaft der Welt aufgestiegen.

Die zunehmende Bedeutung und Stärke Chinas ist vom Westen kaum aufzuhalten. Jedenfalls ist sicher, dass die Systemkonfrontation zwischen China und den USA zunimmt. Von daher bindet dies ökonomisch, militärisch und politisch Kräfte der USA, die ihr für die Systemkonfrontation mit Russland fehlen werden.

Auch das ist ein Grund für Europa, sich auf seine eigenen Fähigkeiten zu verlassen.

Putin ist nicht Russland

In den Jahren 2014 und den folgenden beschreibe ich in der vorliegenden Skizze das grundlegende Verhältnis des Westens zu Russland. Auch nach dem Überfall Putins auf die Ukraine trifft die damalige Analyse vollinhaltlich zu. Mir besonders wichtige Gedanken fasse ich zum Schluss nochmal in Thesen zusammen:

- Der Krieg ist Putins Krieg. Die Menschen in Russland wollen keinen Krieg. Völker lassen sich nur in einen Krieg treiben, weil sie von den Machthabenden mit Hilfe eines überbordenden Nationalismus manipuliert werden.
- Spätestens seit Peter dem Großen ist Russland ein Teil Europas. Seit mehr als vor 300 Jahren gestaltet Russland die europäische Politik mit, mal als Gegner, mal als Partner.
- In einem mehr als 5000-jährigen Ringen der Völker um Frieden, die Sehnsucht danach wurde trotz aller Kriege nie aufgegeben, hat sich eine gesamteuropäische Kultur entwickelt, von deren Werte wir heute zehren.
- Der russische Beitrag zur gesamteuropäischen Kultur ist auf vielen Feldern eine Bereicherung, so in der Philosophie, der Literatur, der Malerei und der Musik.
- Russland ist integraler Bestandteil europäischer kultureller Identität. Grenzen wir Russland aus, ist der Rest ein Torso.
- Durch den Überfall auf die Ukraine hat ein Despot das russisch-europäische Vertrauen, das im Laufe von mehr als 300 Jahren mal mehr, mal weniger intensiv war, zerstört.
- Schritt für Schritt müssen wir beginnen mit oder ohne Putin – eine neue Vertrauensbasis zwischen dem russischen Volk und den anderen Völkern Europas aufzubauen.
- Gelingen wird dies nur, wenn der Krieg mit der Ukraine beendet ist, das Selbstbestimmungsrecht des Ukrainischen Volkes respektiert wird. Ohne Respekt wird die die Logik des Kalten Krieges auf Jahre die Politik zwischen Russland und dem Westen bestimmen.

[Januar 2020]

Die EU und Russland in psycho-logischer Blockade – Eine Anmerkung

Vorbemerkung

Das Verhältnis des Westens zu Russland ist spätestens seit sieben Jahren zerrüttet, durch Sprachlosigkeit gekennzeichnet.

Die USA mit ihrem neuen Präsidenten haben es den Europäern vorgemacht, wie man diese politische Funkstille überwinden sollte. Der französische Präsident und die deutsche Bundeskanzlerin wollten es dem amerikanischen Präsidenten gleichtun, um mit dem russischen Präsidenten wieder ins Gespräch zu kommen.

Wie so oft fiel auch dieser Vorschlag dem europäischen Einstimmigkeitsprinzip zum Opfer. Ein Prinzip, das ein Mahl mehr die Unfähigkeit Europas aufzeigt, vernünftig politisch zu handeln.

Aufbau einer dringend notwendigen Dialogfähigkeit

Nach dem Scheitern des deutsch-französischen Vorschlags, mit Putin direkt ins Gespräch zu kommen, meinte Frau Merkel vor der internationalen Presse: »So ist es auch gut.« Nein, Frau Bundeskanzlerin: So ist es nicht gut. Eine Chance wurde vertan.

Tiefgreifende Konflikte in der internationalen Politik lassen sich nur regeln oder gar lösen, wenn von beiden Seiten Dialogbereitschaft signalisiert wird.

Die Forderung des lettischen Ministerpräsidenten, Krisjanis Karins, von Russland müssten zunächst bestimmte Vorbedingungen erfüllt werden, waren der Todesstoß der vernünftigen deutsch-französischen Initiative. Circa ein Drittel der 27 Staats- und Regierungschefs verharrten mit dem Letten in diesem alten, unbeweglichen Denken.

Aus der Theorie der internationalen Politik weiß man, dass Verhandlungen zwischen Konfliktparteien nur angestoßen werden können, wenn ohne Vorbedingungen Dialogbereitschaft signalisiert wird. Ja, die hierfür entwickelte Strategie des Gradualismus, (in der Kubakrise von 1962 hat diese Konfliktlösungstheorie praktisch funktioniert), geht sogar noch einen Schritt weiter, indem sie fordert, eine Seite müsse in die Vorleistung gehen, damit die bestehende psycho-logische Blockade aufgebrochen werden kann.

Gleichgültig, wer der Verursacher der bestehenden Sprachlosigkeit ist, beharren die sich misstrauisch belauernden Akteure darauf, dass es die jeweils andere Seite ist. Dadurch verfestigt sich die Blockade. Beide Seiten fordern, die andere Seite müsse sich zuerst bewegen. Damit verhindert man jede Bewegung. Allerdings ist die Psycho-Logik nur dadurch aufzubrechen, indem die eine Seite die Initiative zur Umkehr ergreift.

Die Haupthindernisse für eine Umkehr, damit einem neuen Denkansatz zur Lösung eine Chance zu geben, sind: Selbstgerechtigkeit, Kritikunfähigkeit gegenüber dem eigenen Verhalten, Verteufelung des Gegners, die »Polarität der Werte« zwischen ›uns‹ den Guten und Fairen sowie zwischen ›ihnen‹, die Bösen und Unfairen, Freund-Feind-Denken usw. Wir messen unsere Handlungen und diejenigen unserer Gegner mit zweierlei Maß. Wir müssen aber unsere eigenen Handlungen und diejenigen unserer Gegner als gleichwertig beurteilen. Die größte Blockade, dies anzuerkennen, liegt in dem gegenseitigen Misstrauen. Ohne gegenseitiges Vertrauen werden die Spannungen dramatisch zunehmen. Schon jetzt nehmen sie mehr und mehr die Muster des kalten Krieges an.

Nicht mit den Androhungen verschärfter Sanktionen, nein, vielmehr durch die Aufhebung der einen oder anderen Sanktion könnte ein Vertrauensvorschuss gewährt werden, verbunden mit einem Signal für Gesprächsbereitschaft. Abzuwarten wäre, ob und wie Moskau darauf reagiert.

Nur so könnte eine Entschärfung der gefährlichen Konfliktlage erfolgen, an der Russland gleichermaßen Interesse haben muss wie die Europäische Union.

[Mai 2021]

Der Ukraine-Krieg und seine Folgen

(Vortrag)

Vorbemerkung

Zunächst gebe ich einen kurzen Überblick, was Sie in den nächsten ca. 50 Minuten erwartet. Der Vortrag ist in fünf Abschnitte gegliedert

1. ordne ich Russland historisch als Teil Europas ein.
2. geht es darum, welche Chancen nach 1945 verpasst wurden, um eine
3. gemeinsame, tragfähige euro-atlantische Nachkriegsordnung aufzubauen.
4. untersuche ich die 22 Jahre der Herrschaft Putins und warum diese zum Krieg in der Ukraine geführt hat.
5. interessiert die Frage, ob eine diplomatische Lösung des Konflikts noch möglich ist.
6. ist der Krieg »nur« Teil eines geopolitischen Zusammenbruchs der alten und der Übergang zu einer neuen Weltordnung.

1. Zum Verhältnis Russlands zu Europa

Der Berliner Historiker Heinrich August Winkler hat in einem großartigen Werk der Geschichtsschreibung erstmals den Westen vollständig beschrieben, wie er entstanden ist und wo seine Wurzeln liegen. Ich kann hier nur in gebotener Kürze einige wenige seiner Gedanken aufgreifen. Es überfordert natürlich eine solche kurze Analyse, den »welthistorischen Bogen der Geschichte« des Westens zu umspannen.

Warum es mir hier geht, ist zu verdeutlichen, wofür der Westen heute noch stehen sollte, wie er sich als Wertegemeinschaft sieht und sein politisches Handeln an diesen Werten ausrichtet oder auch nicht. Wichtig ist hierbei zu verstehen, ob, wo und seit wann sich das Selbstverständnis des Westens vom Selbstverständnis des Ostens unterscheidet. Liegt in diesem Unterschied eine Quelle für heutige Missverständnisse zwischen Russland auf der einen und dem Westen auf der anderen Seite?

Schon sehr früh in der griechischen Etymologie, findet man das Gegensatzpaar Orient und Okzident. Der Orient ist dem Okzident überlegen. Erst durch die Erlösung Christi wurde der Orient dem Okzident ebenbürtig und später überlegen. Dort finden wir auch eine Erklärung für den Namen Europa, obwohl es nach Homer (8. Jhr. v. Chr.) keinem Sterblichen vergönnt ist, zu wissen, woher der Name stammt.

Jedoch ist heute weitgehend gesichert, dass Europa vom arabischen eReB abgeleitet ist, wobei die Konsonanten R und B soviel bedeuten wie ›Das Land der untergehenden Sonne‹, ›der Abend‹, ›der Westen‹. Im Keltischen kennen wir dafür das Wort ›wrap‹.

Der Westen oder das Abendland ist geprägt durch die lateinische Westkirche im Gegensatz zur griechisch-orthodoxen Ostkirche. Endgültig vollzogen wurde die Trennung nach der Teilung des Römischen Reiches 395 nach Christus in einen west- und einen oströmischen Teil.

Der fundamentale Unterschied zwischen den beiden Teilen besteht darin dass sich im Westen ein »dualistischer Geist« entwickeln konnte. Winkler bezieht sich damit auf den Sozialhistoriker Otto Hinze (1861–1940), der damit meint, die »Ausdifferenzierung von geistlicher und weltlicher Gewalt«, »fürstlicher und ständischer Gewalt«. Im Ostteil des Römischen Reiches, damit in der Orthodoxie, blieb die geistliche Gewalt der weltlichen untergeordnet.

Dagegen hat sich im westlichen Teil zwischen den Gewalten eine Art Dualismus herausgebildet, ohne den sich kein Pluralismus, kein Individualismus, keine Zivilgesellschaft entwickeln konnte. Winkler verweist in diesem Zusammenhang auf Max Weber (1864–1920), der in der okzidentalen Rationalität den Hauptunterschied sieht. Sie bildete die besondere Systematik heraus, Wissenschaft zu betreiben, für die staatliche Organisation die Heranbildung des ›Fachmenschentums‹ (Weber), fachgeschult – technisch, kaufmännisch, juristisch und ökonomisch im Kapitalismus.

Zu dieser Rationalität gehören auch die beiden großen Revolutionen des Westens, die Amerikanische vom 12. Juni 1776 und in ihrem Gefolge die Französische vom 26. August 1789, deren politische Errungenschaften – die Menschenrechte, die Volkssouveränität, die Rechtsstaatlichkeit, die Gewaltenteilung und die repräsentative Demokratie – Grundlage der westlichen Wertegemeinschaft sind.

Aber der Westen ist nicht nur »ein Schatzhaus von Idealen« *(vgl. Sternberger, 228-238).* Der Westen ist auch Ausprägung des totalen Staates. Der Westen hat das Führerprinzip bis zur höchsten Perversion entwickelt, die Freiheit des Individuums der totalen Kollektivität geopfert, unendliches Leid über die Völker dieser Erde durch Kolonialismus und Imperialismus gebracht, Menschen zu Objekten im Sklavenhandel gemacht und das Gastrecht zur Fremdenfeindlichkeit pervertiert, als jüngstes Beispiel sei die Flüchtlingspolitik der EU im Mittelmeer erwähnt.

Auch das ist der Westen. Wir können, ja, wir dürfen dies nicht aus unserem Bewusstsein ausgrenzen. Wir müssen es als zugehörige, wenn auch als hässliche Wesenszüge der Europäer annehmen.

Mit dem Krieg und Sieg Japans über Russland 1905, zum ersten Mal in der jüngeren Geschichte, dass eine asiatische eine europäische Macht besiegte und dann endgültig nach den Ur-Katastrophen der beiden Weltkriege bröckelte das bis dahin dominierende Konzept der Überlegenheit des Westens. Es begann die Entkolonialisierung intellektuell und real. Der Mythos der Überlegenheit wurde zerstört.

Heute ist der Westen nur noch einer von mehreren Global Players und zwar mit abnehmender Bedeutung. Jedoch behält das »normative Projekt« des Westens, wie es Winkler nennt, mit seinen Werten als universaler Anspruch seine Gültigkeit. Es kann nur durch den Westen selbst zerstört werden, wenn er sich nicht daran hält.

Das West-Römische Reich ging 476 n. Chr. unter, das Ost-Römische Reich erst 1453 mit der Einnahme Konstantinopels durch die Türken. Spätestens seit dem Untergang des West-Römischen Reiches haben sich auch ideologisch der Westen und der Osten unterschiedlich entwickelt. Auf einige wichtige Punkte der Entwicklung des Westens habe ich hingewiesen.

Wie bereits angedeutet, spielten die Kirchen eine besondere Rolle. Der Dualismus zwischen weltlicher und geistlicher Macht im West-Christentum ermöglichte die Emanzipation des Staates von der Kirche, in vielen Ländern, heute eine strikte Trennung.

Anders in der byzantinisch-orthodoxen Kirche. Sie hat sich von Beginn an der weltlichen Macht untergeordnet, bis heute. Die freiwillige Unterordnung bedeutete allerdings nicht, dass die russisch-orthodoxe Kirche keinen Einfluss auf die Staatsgeschäfte gehabt hätte. Nur in der Zeit des Kommunismus, nach der Oktoberrevolution 1917, als Lenin (1870–1924) die Trennung von Staat und Kirche verfügte, die Kirche ihren Status als juristische Person verlor, ihr das Recht auf Eigentum genommen wurde, spielte sie eine untergeordnete Rolle.

Im heutigen Russland wird im Religionsgesetz der Russischen Föderation von 1997 ausdrücklich deren »spezieller Beitrag zum Aufbau des russischen Staatswesens und zur Entwicklung des Geistes und der Kultur Russlands« gewürdigt. Seit der Präsidentschaft Putins hat sie an Bedeutung noch zugenommen. Der Patriarch und der Präsident instrumentalisieren sich gegenseitig. Die Kirche ist eine wesentliche Stütze für den Machterhalt Putins, insbesondere auf dem flachen Land. Putin hat sich mit der Rückgabe des Kirchenbesitzes revanchiert. Heute gilt die Kirche als einer der größten Grundbesitzer Russlands.

Putin und der Patriarch Kyrill hängen nebeneinander auf Bildern in Klöstern, Kirchen und öffentlichen Gebäuden. Nur im Zarenreich gab es ein so inniges Verhältnis zwischen Staat und Kirche. Der PR-Chef der Kirche spricht von einer »Symphonie der Kirche, des Staates und der Gesellschaft«. Jeder, der diese Symphonie stört, bekommt es mit dem Staat zu tun. Die zaristische Triade ›Rechtsgläubigkeit – Autokratie – Volkstümlichkeit‹ erlebt eine Renaissance. Seit 2013 ist die »Beleidigung religiöser Gefühle« ein Straftatbestand. Wer Schwule und Lesben auf offener Straße mit einem Antiseptikum brillant grün besprüht und kennzeichnet, bleibt dagegen straffrei.

Im Rahmen diesen Vortrags kann ich nicht näher auf die russische Geschichte eingehen. Nur zwei bedeutende Epochen-Ereignisse will ich kurz erwähnen, weil sie unmittelbar mit dem vorgestellten Thema zusammenhängen.

Zum einen geht es um den altrussischen Staat der Kiewer Rus im 9./10. Jahrhundert, ein Zusammenschluss der ostslawischen Stammesverbände, der Poljanen, der Drewljanen, der Kriwitschen, der Woltynier und anderer.

Dieses Ereignis habe ich deshalb herausgegriffen, weil es im kollektiven Gedächtnis der Russen noch heute eine

Rolle spielt. So halte ich es für einen grundlegenden Fehler des Westens, nämlich bei seiner Annäherung an die Ukraine, sich ahistorisch verhalten zu haben. Der Westen hätte in seiner Beziehung zur Ukraine die Tatsache berücksichtigen müssen, dass die Ukraine für Russland kein Land wie jedes andere ist.

Zweitens ist der Aufstieg Russlands unter Peter dem Großen (1672–1725) in unserem Zusammenhang besonders hervorzuheben. Er modernisierte, vor mehr als 300 Jahren, Russland, indem er sein Land europafähig machen wollte. Seit seiner Zeit und in seiner Nachfolge Katharina der Großen (1729–1796) ist das Schicksal Russlands eng mit Europa, und das Schicksal Europas ebenso eng mit dem Schicksal Russlands verwoben. Gegenseitig sind wir auf gute Nachbarschaft angewiesen, da weder Russland die Europäische Union noch umgekehrt die EU Russland dominieren kann. Wenn dem so ist, dann reicht es nicht aus, sich mit einem Modus Vivendi zufrieden zu geben, nein, vielmehr ist eine konstruktive Zusammenarbeit zum gegenseitigen Vorteil zu suchen.

Noch besser wäre es, einen Gedanken von Marc Aurel (120–180), dem Philosophenkaiser Roms, einem Vertreter der Stoa, aufzugreifen und leicht abzuwandeln, dass Russland und die anderen europäischen Länder sich verhalten wie die Häuser einer Stadt.

Anmerkung: S.24 bis S. 27 aus dem Buch vorlesen

Ob dieser Standpunkt auch noch nach Russlands Angriff auf die Ukraine vertretbar ist, soll die weitere Analyse zeigen.

2. Verpasste Chancen, gemeinsam mit Russland eine euro-atlantische Nachkriegsordnung aufzubauen.

Ein bekannter amerikanischer Arzt und Dichter des 19. Jahrhunderts, Oliver Wendel Holmes (1809–1994) hat einmal gesagt, dass bei einem Streit zwischen zwei Personen im Grunde immer sechs Personen beteiligt sind: die beiden wie sie wirklich sind, jeder der Beiden wie er sich selbst sieht und jeder der Beiden, wie er vom anderen gesehen wird. Kein Wunder, so meinte Holmes, dass die beiden aneinander vorbei reden und aufeinander wütend werden. Ein ähnlicher psychologischer Multiplikationsprozess, wird auch in Konfliktsituationen zwischen Staaten wirksam, mit ähnlich bedauerlichen Folgen.

Diesen interessanten Gedanken Holmes berücksichtige ich, um herauszufinden, welche Interessen die Hauptakteure in Ihrem Handeln nach 1945 bestimmten, hier die USA mit Ihren Verbündeten und dort Russland.

Die jeweilige Überzeugung und das Selbstverständnis von der Überlegenheit des eigenen Systems kann damit leichter verstanden werden, auch die Schwierigkeiten, die einer Einigung entgegen stehen.

Schon bald nach Ende des Zweiten Weltkrieges brach die Kriegskoalition auseinander. Fast 80 Jahre ist das internationale politische System geprägt durch die Konfrontation zwischen den USA und der UdSSR resp. Russlands nach dem Zusammenbruch der Sowjetunion. Berücksichtigt werden muss, dass die Interessenlage Europas, sowohl des östlichen wie des westlichen Teils nicht mit derjenigen der Hauptakteure immer übereinstimmte.

Während dieser Zeit greife ich exemplarisch drei Fixpunkte heraus, nach denen die Beziehungen sich grundlegend zu ändern schienen, einmal nach der Kubakrise 1962, dann nach dem Zusammenbruch der Sowjetunion 1990 und nach der Wahl Vladimir Putins zum Präsidenten Russlands 2000.

Die internationale Ordnung in der Zeit bis zur Kuba-Krise war stark polarisiert in einem Freund-Feind-Denken zwischen den USA und der UdSSR. Dieses Denken führte die Welt an den Rand einer atomaren Katastrophe. In letzter Minute konnte eine solche durch die verantwortungsvolle Einsicht Nikita Chruschtschows (1894–1971) und John F. Kennedys (1917–1963) abgewendet werden.

Die Kuba-Krise hatte eine Art »katalytischen« Effekt für eine Wandlung des amerikanischen Denkens vom UdSSR-Feind hin zu einem internationalen Konkurrenten.

»Dieser neue Geist resultierte neun Monate später in der Unterzeichnung des Vertrages über die Begrenzung von Atomwaffenversuchen – der ersten bedeutenden Rüstungskontrollvereinbarung zwischen den beiden großen Atommächten.« *(Craig/George, 145)*

Auch das Bild vom rein konfrontativen Freund-Feind-Denken verblasste allmählich hin zu einer Wahrnehmung in Differenzen.

In einer nachdenklichen Rede am 1. Juli 1963 vor Studierenden der American University in Washington brachte Kennedy dies auf den Punkt:

Er ermahnte seine Zuhörer, sich »sich nicht nur ein verzerrtes, verzweifeltes Bild von der anderen Seite zu machen, Konflikte nicht als unvermeidlich, eine Verständigung nicht als unmöglich und einen Dialog nicht als bloßen Austausch von Drohungen anzusehen.« Und weiter erklärte er: »Keine Regierung und kein Gesellschaftssystem sind so schlecht, daß man den unter ihnen lebenden Menschen jede Tugend absprechen muß.« *(zit. n. Craig/George, 145f.)*

Sowohl Chruschtschow als auch Kennedy hatten durch die Dramatik der Kuba-Krise gelernt, den Anderen mit anderen Augen zu sehen.

Ein paar Jahre später hat Willy Brandt (1913–1992) mit seiner Ost-Politik in ganz besonderer Weise zur Verbesserung des Klimas in den Ost-West-Beziehungen beigetragen. Gemeinsam mit Egon Bahr (1922–2015) entwickelte er, gegen den Willen der CDU, seine neue Ost-Politik, die zu einer Aussöhnung mit der UdSSR, Polen und der Deutschen Demokratischen Republik führte. Diese Politik wirkte »katalytisch« wie ein Brandbeschleuniger im Abbau alten, ideologischen Denkens. Sie zeigte den Weg 1975 direkt nach Helsinki zu der »Konferenz für Sicherheit und Zusammenarbeit in Europa« .

Zu keinem Zeitpunkt nach 1945 waren sich die 35 Teilnehmerstaaten der Konferenz für Sicherheit und Zusammenarbeit in Europa 1975 über die Bedingungen ihrer Beziehungen einiger, »unter denen ihre Völker in echtem und dauerhaften Frieden, frei von jeglicher Bedrohung und Beeinträchtigung ihrer Sicherheit leben können.«

Die Schlussakte bezog sich in ihrer Präambel auf die »Solidarität zwischen den Völkern, auf die gemeinsame Geschichte«, auf die »Überwindung des Mißtrauens«, auf eine notwendige »Vergrößerung des Vertrauens, auf die »Erkenntnis der Unteilbarkeit der Sicherheit in Europa«.

In diesem Sinne einigte man sich auf Hauptgrundsätze, »Enthaltung von der Androhung oder Anwendung von Gewalt«, »Unverletzlichkeit der Grenzen«, »Territoriale Integrität«, »Friedliche Regelung von Streitfällen«, »Nichteinmischung in die inneren Angelegenheiten«, »Achtung der Menschenrechte und Grundfreiheiten, einschließlich der

Gedanken-, Gewissens-, Religions- oder Überzeugungs-freiheit«. *(Europa-Archiv, Folge 1975, D437-D484.)*

Liest man heute diese Schlussakte von Helsinki, so hat man im Lichte des Krieges in der Ukraine den Eindruck, das Dokument stamme aus einer anderen Welt.

Nie waren wir in Europa der letzten 77 Jahre dem Frieden näher. Aber offenbar war das gegenseitige Misstrauen zwischen Ost und West zu tief im kollektiven Gedächtnis der Völker, insbesondere der USA und UdSSR, vielleicht genauer der herrschenden Regierenden der Völker, verwurzelt.

Neben dem anhaltenden gegenseitigen Misstrauen lag eine weitere Ursache wohl darin, folgt man dem Gedanken Holmes, dass die lange vorurteilsbehaftete Sicht auf den Anderen nicht abgebaut werden konnte und jeder seine Sichtweise auf sich selbst nicht infrage stellte.

Zwar war die Einsicht in die Notwendigkeit einer Veränderung der festgefahrenen Situation vorhanden, aber es fehlte die Kraft, Einsicht in Handeln umzusetzen.. Es gelang nicht die diplomatischen und militärischen Schritte so zu koordinieren, dass nachhaltige Veränderungen sich verfestigen konnten. Ein fundamentaler Interessenausgleich konnte sich nicht durchsetzen, Dafür hätten die beiden Hauptakteure die Interessen der anderen Seite zunächst einmal als gleichwertig anerkennen müssen.

Somit wurde die größte Chance für ein friedliches Zusammenleben, wenigstens im euro-atlantischen Raum, vertan.

Die letzte Chance eines Aufbaus einer mit Russland gemeinsamen euro-atlantischen Friedensordnung bot sich nach dem Zusammenbruch der Sowjetunion an und in deren Gefolge der deutschen Einheit. Davon zeugen drei wichtige Zusammenkünfte der Staats- und Regierungschefs im letzten Jahrzehnt des 20. Jahrhunderts.

Am 21. November 1990 versammelten sich die Staats- und Regierungschefs der KSZE und verabschiedeten die »Charta von Paris für ein neues Europa«.

Die Präambel weist auf den tiefgreifenden historischen Wandel mit den Worten hin: »Das Zeitalter der Konfrontation und der Teilung Europas ist zu Ende gegangen. Wir erklären, daß sich unsere Beziehungen künftig auf Achtung und Zusammenarbeit gründen werden. Europa befreit sich vom Erbe der Vergangenheit.

Wir verpflichten uns, die Demokratie als einzige Regierungsform unserer Nationen aufzubauen, zu festigen und zu stärken.

Menschenrechte und Grundfreiheiten sind allen Menschen von Geburt an eigen, sind unveräußerlich und durch Recht gewährleistet.

Die Demokratie, ihrem Wesen nach repräsentativ und pluralistisch, erfordert Verantwortlichkeit gegenüber der Wählerschaft.. Bindung der staatlichen Gewalt an das Recht sowie unparteiische Rechtspflege. Niemand steht über dem Gesetz.«

Am 5./6. Dezember 1994 treffen sich die Staats- und Regierungschefs der KSZE zu einem Sicherheitsgipfel in Budapest.

Unter Hinweis auf die Charta der Vereinten Nationen und die Schlussakte von Helsinki werden wichtige Grundsätze formuliert, wie die Unteilbarkeit der Souveränität, die Unteilbarkeit der Sicherheit, die territoriale Integrität jedes Staates, das Recht auf individuelle und kollektive Selbstverteidigung, das Recht internationalen Organisationen anzugehören, die Ablehnung von aggressivem Nationalismus, Rassismus, Chauvinismus, Fremdenfeindlichkeit und Antisemitismus, ein Bekenntnis zur friedlichen Beilegung von Streitigkeiten.

»Im Falle eines bewaffneten Konflikts werden sie sich darum bemühen, die wirksame Einstellung der Feindseligkeiten zu erleichtern und Bedingungen zu schaffen, die eine politische Lösung des Konflikts begünstigen …«

Das dritte Dokument einer neuen Aufbruchstimmung in eine neue Zeit ist die NATO-Russland-Akte vom 27. März 1997.

Dort wurde die Verpflichtung eingegangen, »gemeinsam im euro-atlantischen Raum einen dauerhaften und umfassenden Frieden auf der Grundlage der Prinzipien der Demokratie und der kooperativen Sicherheit [zu] schaffen.

Die NATO und Russland betrachten einander nicht als Gegner. Sie verfolgen gemeinsam das Ziel, die Spuren der früheren Konfrontation und Konkurrenz zu beseitigen und das gegenseitige Vertrauen und die Zusammenarbeit zu stärken.

Diese Akte bekräftigt die Entschlossenheit der NATO und Russlands, ihrer gemeinsamem Verpflichtung zum Bau eines stabilen, friedlichen und ungeteilten, geeinten und freien Europas zum Nutzen aller seiner Völker konkreten Ausdruck zu verleihen.«

Warum waren diese, richtungsweisenden, gemeinsamen Ansätze eines grundsätzlichen Interessenausgleichs zwischen Ost und West nicht zielführend, tragfähig und nachhaltig?

3. Putins Russland

Zwischen dem hoffnungsvollen Aufbruch Ende des vorigen Jahrhunderts in eine demokratische, friedliebende Zukunft Russlands als geachtete Nation unter freien Völkern und der menschenverachtenden, völkerrechtswidrigen Aggression gegen die Ukraine liegen Welten.

Nach Innen hat Putins Russland die eingegangenen Verpflichtungen aus den angeführten Konferenzen ins Gegenteil verkehrt. Aus der Demokratie wurde eine Autokratie, aus dem Rechtsstaat ein Willkürstaat, aus der Achtung der Menschenrechte, eine Verfolgung derjenigen, die sich dafür einsetzen, aus Pluralismus einseitiger Personenkult, aus einer freien Presse eine gleichgeschaltete Propaganda. Das Gegenteil einer Demokratie, die ihren Namen verdiente.

Im Zusammenleben mit anderen Völkern wurden in 22 Jahren die Hoffnungen einer friedlichen Entwicklung für den euro-atlantischen Raum zerstört, wurden aus strategischen Partnern erbitterte Feinde. Bis hin zum brutalen Krieg, dem absolut bösen Wesenszug des Menschen.

Auf zwei wichtige Begründungspunkte, die zu der heutigen Situation geführt haben, will ich in gebotener Kürze eingehen.

1. Der Westen hat nach dem Zusammenbruch der Sowjetunion, die Putin als die größte Katastrophe des 20. Jahrhunderts bezeichnet, es nicht verstanden, welche Dramatik für das stolze Russland damit verbunden war. Er hat die damit einhergehende Demütigung nicht beachtet. Er hat geglaubt, das nun endgültig das kapitalistische System als das überlegene gesiegt habe. Wir glaubten an die angeblich neuen Werte wie Effizienz, Flexibilität, Deregulierung und die alles unterwerfenden Vermarktungschancen.Die weltweit militärische und ökonomische Vorherrschaft Europas ging einher mit dem Glauben an immerwährenden Fortschritt, an fortdauerndes quantitatives Wachstum, gegründet auf Ideologien wie Nationalismus, Liberalismus und Sozialismus.

Das Vertrauen in die Allgemeingültigkeit europäischen Denkens, in seine kulturelle und intellektuelle Überlegenheit, in seine alles durchdringende Rationalität wurde durch die doppelte Urkatastrophe des 20. Jahrhunderts in seinen Grundfesten erschüttert und wirkt in seinen Auswirkungen bis heute fort.

Die Überlegenheit des westlichen Lebensmodells, entstanden in einer siebenhundert jährigen Kulturgeschichte, hat seine Faszination verloren. Diesen Gedanken werde ich nochmal im Abschnitt 5 des Vortrags weiterführen.

2. Der Westen hat das Bedrohungsgefühl Russlands durch die ständige Ausdehnung der NATO an Russlands Grenzen völlig falsch eingeschätzt. Diese offenbar vorhandene, gefühlte Bedrohung damit abzutun, die NATO sei ja ein Defensiv-Bündnis, war zu einfach, um die Befürchtungen der Russen zu beseitigen. Der Westen war nie bereit, die Frage gemeinsam mit Russland zu diskutieren, ob Russland nicht wirkliche Sicherheitsinteressen hat.

Wie zwischen Individuen so auch zwischen Völkern ist Verhalten von Vernunft und Gefühl geprägt, wobei meist das Gefühl dominiert. Wenn nun die Führung Russlands fortwährend betonte, sie fühle sich durch die Ost-Erweiterung der NATO im allgemeinen und durch eine Aufnahme der Ukraine in das Bündnis grundsätzlich bedroht, dann hätte der Westen dieses Gefühl sehr ernst nehmen müssen. Jens Stoltenbergs Hinweis diese Bedrohung sei irreal, weil die NATO ein Defensivbündnis sei, reicht nicht, um tiefsitzende Gefühle zu beschwichtigen. Auch der andere Hinweis, nur die Ukraine könne in souveräner Entscheidung einen NATO-Beitritt beantragen, hilft nicht weiter. Das Gefühl der Bedrohung dauerte an.

Zwar trifft nach Auffassung des Westens theoretisch zu, dass jeder Staat dasselbe Recht auf Sicherheit haben sollte. Doch wenn die andere Seite der Auffassung ist, die NATO weite ihre Sicherheit auf Kosten Russlands aus, dann kann dieser Widerspruch nur auf dem Verhandlungswege und nicht durch Krieg aufgelöst werden.

Dass die NATO seit 1999 ihren Einflussbereich auf Kosten Russlands ausgedehnt hat, ist unstreitig:

1999   Erste NATO-Ost-Erweiterung:
        Polen, Tschechien, Ungarn
2004   Zweite NATO-Ost-Erweiterung:
        Bulgarien, Estland, Litauen, Rumänien, Slowakei, Slowenien
2009   Dritte NATO-Ost-Erweiterung:
        Albanien, Kroatien
2017   Vierte NATO-Ost-Erweiterung:
        Montenegro
2020   Fünfte NATO-Ost-Erweiterung:
        Nordmazedonien.

Wer nach diesen massiven Ost-Erweiterungen an die Grenzen Russlands, dem Bedrohungsgefühl Russlands jede Grundlage abspricht, ist entweder politisch naiv oder ignorant.

Da die Ukraine für Russland kein Land wie jedes andere ist, war die Annäherung der Ukraine an die NATO für Russland einer der Hauptgründe für den Überfall.

Hier die Daten über die Zusammenarbeit der NATO mit der Ukraine:

1997   Verabschiedung der NATO-Ukraine-Charta in Paris zwecks militärischer Partnerschaft zwischen der NATO und der Ukraine mit dem Ziel, Mitglied der NATO zu werden;

2002	Vertiefung des NATO-Ukraine-Aktionsplans durch Erweiterung der NATO-Basis-Zusammenarbeit,
2005	Der Versuch des vormaligen Präsidenten Juschtschenko einen Aktionsplan über einen NATO-Beitritt zu verabschieden, scheiterte am Protest der Bevölkerung;
2008	Ein NATO-Gipfel lehnte den Antrag der Ukraine auf NATO-Mitgliedschaft ab, trotz Befürwortung durch die USA. Eine Aufnahme neuer Mitglieder muss einstimmig erfolgen.
2018	Im März wurde der Ukraine offiziell der Status eines Beitrittskandidaten verliehen.
2019	Das ukrainische Parlament, die Werchowna Rada, beschließt die strategische Orientierung zum vollständigen Beitritt zur NATO sowie zu der Europäischen Union.
2020	Im Juni wurde die Ukraine in das »Enhanced Opportunities Programm« der NATO aufgenommen. Damit bekam die Ukraine erweiterte Möglichkeiten an NATO-Manövern und Kooperationsprojekten teilzunehmen, außerdem einen Zugriff auf geheime Bündnisinformationen.

Aus diesen wenigen Daten kann man ableiten, wie tief bereits 2020 schon die Zusammenarbeit zwischen der NATO und der Ukraine fortgeschritten war. Von daher sind die Versicherungen westlicher Politiker im Lichte der in Russland gefühlten Bedrohung schlicht unehrlich, wenn sie behaupteten der Beitritt stünde nicht auf der Tagesordnung, obwohl schon eine Reihe einzelner Punkte der Tagesordnung Stück für Stück abgearbeitet waren.

Wie es scheint, ist der Westen davon ausgegangen, Russland würde dies tatenlos hinnehmen: Ein historischer Fehler.

Schon 2008 warnte der russische Präsident laut US-Berichten davor, dass bei einer NATO-Mitgliedschaft der Ukraine die Krim und der Donbas von der Ukraine abgelöst würden und Russland angegliedert werden könnten. Auch das hat der Westen nicht ernst genommen.

1997 warnte einer der besten westlichen Russland-Kenner, George Kennan 1904-2005, vor einem »strategischen Fehler, möglicherweise epischen Ausmaßes«, wenn die NATO sich bis an die Grenzen Russlands ausdehne. *(Talbott, 2002, 220)*

An anderer Stelle schrieb er im Zusammenhang mit einer Ost-Erweiterung der NATO von einem »verhängnisvollen politischen Irrtum historischen Ausmaßes ... einem verhängnisvollen Fehler der amerikanischen Politik in der Ära nach dem Kalten Krieg, weil diese Entscheidung erwarten lasse, dass die nationalistischen, antiwestlichen und militaristischen Tendenzen in der Meinung Russlands entzündet werden; dass sie einen schädlichen Einfluss auf die Entwicklung der Demokratie in Russland haben, dass sie die Atmosphäre des Kalten Krieges zwischen Osten und Westen wieder herstellen und die russische Außenpolitik in Richtungen zwingen, die uns entschieden missfallen werde.« *(zit. n. Weiner/Crosette, in: New York Times, 18. März 2005)*.

So ist es 2022 eingetreten , wie Kennan vor einem Viertel Jahrhundert weitsichtig schrieb. Die nationalistischen, militaristischen und antiwestlichen Tendenzen bestimmen das russische Denken.

Von einer Entwicklung hin zu Demokratie kann keine Rede mehr sein. Das System Putin wurde zunehmend autokratischer.

Und der Kalte Krieg hat sich zu einer menschenverachtenden Brutalität, wie jeder Krieg, entwickelt.

Dennoch stellt sich die Frage, ob eine diplomatische Lösung möglich ist. Dies untersucht Abschnitt vier meiner Vortrags.

4. Hat die Diplomatie eine Chance?

Der menschenverachtende, zutiefst verstörende Krieg in der Ukraine führt uns in erschreckender Weise vor Augen, wie zerbrechlich der Friede ist. Seit 1945 haben über 100 Kriege in der Welt, auch mit europäischer Beteiligung stattgefunden. Dies hat Europa hingenommen. Nun ist der Krieg mitten in Europa angekommen und wir sind verstört. Diese Verstörung hat unser Denken blockiert, radikalisiert und steht uns im Wege, neu zu denken.

Nur ein radikales Umdenken kann Wege zum Friede öffnen.

Der Westen geht davon aus, dass Russland den Krieg verlieren muss. Um dies zu erreichen, liefert er möglichst viele, auch schwere Waffen, in die Ukraine, um dieser Hoffnung eine Chance zu geben. Eine Sicherheit für den Traum, Russland eine vernichtende Niederlage auf dem Schlachtfeld zuzufügen, hat er nicht. Der Glaube, Russland soweit zu schwächen, dass es zukünftig nie mehr einen Angriffskrieg führen kann, wie der amerikanische Verteidigungsminister äußerte, ist ein Irrglaube, außerdem höchst unklug. Trotz aller Waffenlieferungen wird die Ukraine auf Dauer der russischen Übermacht nicht standhalten.

Beide Positionen, die westliche und die russische stehen sich antagonistisch gegenüber. Beharren beide auf ihren jeweiligen Standpunkten, dann gibt es keine Lösung. Das unsägliche, zutiefst inhumane Morden wird in der Ukraine bis zur Erschöpfung einer oder beider Seiten weitergehen.

In seiner Rede vom 30. September 2022 hat Putin die völkerrechtswidrige Eingliederung der vier teilbesetzten ukrainischen Regionen – Luhansk, Donezk, Saporischschja, Chreson – verkündet. Verhandlungen über eine Rückgabe an die Ukraine hat er ausgeschlossen. »Für immer Russland.«

Mehr Arroganz und Zynismus geht nicht, im selben Atemzug der Ukraine Verhandlungen anzubieten. Über was er verhandeln will, sagt er nicht.

Die Ukraine wird im Verbund mit dem hoffentlich geeint bleibenden Westen, sich so tapfer wie bisher verteidigen beziehungsweise versuchen, Gebiete zurückzugewinnen.

Aber dies auch mit erhöhtem Risiko, das in immer weiter reichenden schweren Waffen besteht, die bis nach Russland zielen können,

Das sind die zwei sich ausschließenden Widersprüche.

Die neue Eskalationsstufe nach der völkerrechtswidrigen Annexion der vier ukrainischen Gebiete besteht darin, dass die Ukraine zukünftig nach Putins neo-imperialistischer Auffassung Russland direkt angreift. Nach ukrainischer Auffassung kann es mit Putin keine Verhandlungen geben.

Das heißt der Westen wird also noch mehr Waffen an die Ukraine liefern, immer stärker zur Kriegspartei werden und Putin wird immer mehr Russen der Sinnlosigkeit opfern. Dies sieht nach einem langen hin und her tobenden Abnutzungskrieg aus, bis zur Erschöpfung einer Seite oder beider Seiten.

In seiner Wutrede auf den Westen, insbesondere auf die USA, ging es nicht mehr um die Bedrohung durch die Nato und um die Ukraine, sondern um den ewigen Kampf, ein endzeitlicher Kampf der russischen Welt gegen die westlichen »Satanisten«. *(vgl. Spiegel-online, 7.10.2022, Is Putin serious?)* In diesem Kampf droht er, atomare Waffen einzusetzen und treibt damit die Eskalation auf die Spitze.

»Und das ist kein Bluff.« *(Putin am 30.7.2022)* Ob sich dies nach der von Russland mit unterzeichneter Resolution der G-20 von Bali verändert hat, bleibt zu bezweifeln.

Nach meiner Einschätzung würde ein solcher Einsatz einen Dritten Weltkrieg auslösen. Die Hoffnung, das es nicht dazu kommt, besteht darin, dass auch Putin weiß, dass ein Atomkrieg nur Verlierer hinterlässt. Allerdings wird diese Hoffnung geschmälert, wenn man nicht an die Rationalität Putins glaubt.

Die atomare Bewaffnung der beiden größten Atommächte der Welt ist verbunden mit der äußerst schwierigen Kontrolle der Hochtechnologien und dem Einsatz der künstlichen Intelligenz, die nicht bis ins letzte beherrschbar sind. Diese nie dagewesene Konstellation macht Kriege zwischen den Atommächten zu einem apokalyptischen Risiko.

Anmerkung: Buch S. 138

Aber auch Putin geht mit der neuen Eskalation ein doppeltes Risiko ein.

Die Teilmobilisierung von 300.000 Reservisten, manche sprechen gar von einer Million, trägt die Auswirkungen mitten in die russische Gesellschaft. Die Großmütter, Mütter und Schwestern werden viele ihrer Enkel, Söhne, Ehemänner und Brüder verlieren, die als Tote oder Krüppel zurückkommen. So wird der Krieg unmittelbar erlebt. Der Protest wird, trotz des Versuchs ihn niederzuknüppeln zunehmen und möglicherweise das System Putin gefährden.

Seine Isolation in der Welt wird zunehmen. Wie schon der indische Ministerpräsident Modi bei dem Treffen in Samarkand öffentlich Putins Krieg verurteilt hat, werden sich viele Unterstützer von ihm abwenden.

Diese völkerrechtswidrige imperialistische Landnahme eines souveränen Staates ist auch für viele bisherigen Putinanhänger inakzeptabel. Viele der bisher Putin freundlich gesinnten Länder, insbesondere der früheren Sowjetrepubliken, können solchen Landraub nicht tolerieren, schon allein aus Selbstschutz.

Welche militärischen und demographischen Folgen die Teilmobilisierung und die Annexion haben werden, lässt sich nur schwer abschätzen. Aber es wird brandgefährlich, wenn die Ukraine Erfolge bei der Rückeroberung ihrer Gebiete haben wird, die jetzt nach Putins zynischer Auffassung zu Russland gehören.

Anmerkung: Buch S. 138

Die geo-politische Dimension des Konflikts

Im letzten Abschnitt des Vortrags werde ich auf die nach meiner Meinung tieferen Ursachen des Ukraine-Konflikt eingehen, die in einer weit über Europa hinaus liegenden geo-politischen Systemkonfrontation liegen.

Die Konferenz für »Sicherheit und Zusammenarbeit in Europa« 1975 in Helsinki, di 10 Jahre später die Wahl Michail Gorbatschows zum Generalsekretär der KPdSU, eines Ausnahme-Politikers, der die Welt verändert hat und der gemeinsame Aufbruch mit Russland in den 90-er Jahren des 20. Jahrhunderts waren Anzeichen für eine völlig neue Zeit. Es waren Anzeichen für eine endgültige Überwindung der Ost-West-Konfrontation.

Die Ansprache Putins an sein Volk am 21. Februar 2022 zerstörte endgültig alle Hoffnungen. Die in seinem Sinne geforderte neue Weltordnung offenbart in aller Deutlichkeit eine Systemkonfrontation. Es ist ein Zeichen einer längst im Gange befindlichen tiefgreifenden Auseinandersetzung über die Frage, wie werden wir in Zukunft leben, in einem autokratischen oder demokratischen Lebensmodell?

Am Rande der Olympischen Winterspiele in Peking (4.2.2022) waren sich der russische und der chinesische Präsident einig, den Einfluss der USA weltweit einzudämmen. Putin hat in vielen Äußerungen lange vor dem Angriff auf die Ukraine, nie ein Hehl daraus gemacht, die USA und Europa einander zu entfremden.

Durch seinen Überfall auf einen souveränen europäischen Staat hat er das Gegenteil erreicht, nämlich einen Schulterschluss zwischen Europa und den Vereinigten Staaten von Amerika.

Jedoch bleibt das Ziel bestehen. Aber die euro-atlantische Einheit kann nur zerstört werden durch deren Mitglieder selbst, wenn sie nicht ihren Werten treu bleiben..

Die größte Gefährdung dieser Einheit geht von den Vereinigten Staaten aus, aber auch von illiberalen Tendenzen in Europa, wie in Ungarn, Polen, Schweden und Italien.

In den Midterm-Wahlen der USA haben die Republikaner weniger gewonnen als vorausgesagt. Aber wie es aussieht, haben sie zumindest das Repräsentantenhaus gewonnen.

Da es weiter nicht ausgeschlossen ist, dass Donald Trump 2024 erneut Präsident der Vereinigten Staaten wird, würde danach die heute vorhandene Einheit zwischen den USA und Europa zerstört.

Wie völlig bar jeder Vernunft Trump denkt, haben wir vier Jahre erlebt. Jetzt aber Putins Krieg in der Ukraine als »genial« zu bezeichnen – »Das ist die stärkste Friedenstruppe, die ich je gesehen habe. Ich habe noch nie so viele Heerespanzer gesehen. Die werden den Frieden bewahren.« Eine solche Aussage lässt einen endgültig an seinem Verstand zweifeln. *(vgl. FAZ, 24.2.2022)*

Es ist also nicht ausgeschlossen, dass es die Welt im Jahr 2024 mit einer von den Republikanern geführten USA zu tun bekommt. Unabhängig davon, wer der nächste US-Präsident sein wird, wird die Systemkonfrontation zwischen einem immer stärker werdenden China und den Vereinigten Staaten sich weiter verschärfen.

Die Europäer sollten sofort damit beginnen, ihre Verteidigungsfähigkeit, im Zweifel auch ohne die USA sicherzustellen. Von der ökonomischen Potenz können wir das, wenn wir es nur wollen. Die Ereignisse um die Ukraine und die noch nur verbalen Angriffe Putins auf Europa, sollten uns zu denken geben.

Aber nicht nur in Europa findet die Systemkonfrontation statt. Der afrikanische Kontinent ist schon lange Schauplatz dieser Auseinandersetzung, mit Vorteilen für China, weil der Westen erst zu spät die Situation erkannt hat.

Der Nahe Osten mit dem Syrienkrieg und der falschen Politik »der Willigen« im Irak. Aus diesen Konflikten ist Russland gestärkt auf die Weltbühne zurückgekehrt. Dort hat Russland die USA geschickt ausgetrickst, auch weil Europa keine Rolle spielte.. Die dort aufgetretene Schwäche des Westens hat Putin vielleicht auch veranlasst, weiter die Schwäche des Westens zu testen, indem er die Ukraine überfiel.

Neben in Europa, Afrika und Lateinamerika findet wahrscheinlich die entscheidende Systemkonfrontation in Asien statt.

Ende der 70-er Jahre des vorigen Jahrhunderts war das Bruttoinlandsprodukt Chinas kleiner als dasjenige von

Nordrhein-Westfalen. Wäre Nordrhein-Westfalen ein selbstständiger Staat gewesen, hätte es an 14. Stelle weltweit, ein Platz vor China gelegen. In etwa 40 Jahren ist China zur zweitgrößten Volkswirtschaft der Welt aufgestiegen. Wann es die USA auf Platz 1 ablösen wird, ist absehbar.

Die zunehmende Bedeutung und Stärke Chinas ist vom Westen nicht aufzuhalten. Sicher ist„ dass die Systemkonfrontation zwischen China und den USA zunimmt. Von daher bindet dies ökonomisch, militärisch und politisch Kräfte der USA, die ihr für die Auseinandersetzung mit Russland fehlen werden.

Als Fazit aus diesen kurzen geo-politischen Überlegungen zum Krieg in der Ukraine orientiere ich mich an dem Stanforder Politologen Francis Fukuyama. 1989 hat er in seinem weltweit aufsehenden Essay »Das Ende der Geschichte« vorausgesagt. Damals glaubte er – wie übrigens der gesamte Westen – , die totalitären Systeme, wie z.B. der Kommunismus, seien keine Alternative mehr zu einer post-historischen liberalen Demokratie. Heute muss er feststellen, dass die unipolare Phase des Westens zu Ende geht.

Den Ukraine-Krieg bezeichnete er kürzlich als »Frontalstaat im globalen geo-politischen Kampf zwischen Demokratie und Autoritarismus«.

Gewiss ist, dass wir in einer verstörenden Zeit der Desorientierung, in einer Zeit des Endes der Gewissheiten leben.

Kommen wir zum Schluss zurück auf den Krieg. Wie lange dieser Krieg auch dauert, wie immer er auch enden wird, bleibt die geostrategische Schlüsselfrage zu lösen, welche Rolle Russland in Europa spielt und spielen will. Ist es überhaupt bereit, »kohärente Beziehungen« zu Europa anzustreben oder gibt es sich damit zufrieden, »ein Außenposten an der Grenze Europas« zu werden, wie es jüngst Henry Kissinger formulierte.

Nicht zuletzt die Beantwortung dieser Frage wird mit darüber entscheiden, wie die im Begriff entstehende neue Weltordnung aussehen wird.

[März 2023]

Der Nahe Osten – ein schwelender Dauerkonflikt

Historische Rückblende

Der Nahe Osten, vor allem das Heilige Land, und Europa stehen seit Jahrhunderten in einer besonderen Beziehung zueinander. Als Beleg hierfür können beispielsweise die Kreuzzüge, die Kolonialpolitik Englands und Frankreichs sowie der Beitrag der Europäer bei der Gründung des Staates Israel angeführt werden.

Während bis 1948 der Nahe Osten im Wesentlichen im europäischen Einflussbereich lag, änderte sich dies mit der zunehmend weltweiten Dominanz der USA. Die Nationalstaaten Europas büßten mehr und mehr ihren Einfluss ein. Die fast uneingeschränkte Unterstützung der Amerikaner durch die Briten schmälerte zusätzlich die Möglichkeiten der anderen Interessenten, insbesondere derjenigen Frankreichs.

Mit Gründung der Europäischen Wirtschaftsgemeinschaft 1958 begann eine neue Phase europäischer Politik im Nahen Osten. Je stärker nach der ersten EG-Erweiterung 1973 bewusst wurde, wie sehr der Friede in Europa auch von einem dauerhaften Interessenausgleich im Nahen Osten abhing, desto intensiver suchte die Europäische Gemeinschaft nach Chancen, zur Stabilität in dieser Region beizutragen. Die Initiative zum Euro-Arabischen Dialog von 1974 war ein Zeichen für ein wachsendes Problembewusstsein in Europa, nicht zuletzt ausgelöst durch die Ölkrise.

Der erste wirkliche Wendepunkt in der europäischen Nahostpolitik gipfelte in der Erklärung von Venedig im Jahr 1980. Dort wird zum ersten Mal das Selbstbestimmungsrecht der Palästinenser und eine internationale Konfliktbewältigung gefordert. Aber dabei blieb es. Zehn Jahre später wurde die uneingeschränkte Führungsrolle der USA von den wichtigsten Nationalstaaten der EG, England, Frankreich, Deutschland nicht mehr in Frage gestellt. Europa wurde zum Financier, die USA zum politisch Verantwortlichen für den Friedensprozess. Nach den tiefgreifenden Veränderungen im Jahr 1989 versuchte die EG zwar, in Madrid 1991 eine neue Initiative zu ergreifen, aber alles nur zu zaghaft.

Nach der Berliner Erklärung von 1999 präzisierte die Europäische Union ihren Standpunkt und versuchte das europäische Interesse in den Prozess einzubringen. Parallel dazu initiierte sie den Barcelona-Prozess. Ab da war die europäische Position klar. Einerseits musste für alle Zeit das Existenzrecht Israels garantiert sein, andererseits wurde aber die Siedlungspolitik der Israelis verurteilt. Zudem wurde das Selbstbestimmungsrecht der Palästinenser in einem souveränen palästinensischen Staat anerkannt.

Wo liegen nun die Gründe für die schwache Position der Europäer, Einfluss auf eine Entschärfung des Konflikts zu nehmen?

Erstens steht der intergouvernementale Charakter europäischer Außenpolitik dieser selbst im Wege. Eine gemeinsame Außenpolitik der Europäischen Union ließe sich nur und ausschließlich über Souveränitätsverzicht der Nationalstaaten erreichen.

Zweitens ist die Interessenlage der damals drei Großen in der Europäischen Union nicht konvergent. England pflegte und pflegt nach wie vor seine besonderen Beziehungen zu den USA und stellte sie im Zweifelsfall über ein europäisches Engagement. England in der EU war immer ein Störfaktor, wenn es um eine gemeinsame Außen- und Sicherheitspolitik ging. Frankreich forderte eine eigenständige europäische Nahostpolitik mit stärker kritischer Haltung gegenüber Israel. Deutschland widersetzt sich jeder weitergehenden Kritik an Israel mit dem Hinweis auf die besondere Verantwortung der Deutschen gegenüber dem jüdischen Volk. Ja, es gibt diese Verantwortung, ob der menschenverachtenden Verbrechen, die im Namen des deutschen Volkes begangen wurden. Dies erzeugt zu Recht für meine Generation und für viele nachfolgende eine tiefe Kollektivscham. Allerdings gibt es keine Kollektivschuld. Schuld ist immer individuell. Zu Recht geübte Kritik an Menschenrechtsverletzungen der Israelis an Palästinensern hat nichts mit Antisemitismus zu tun.

Drittens war die Haltung der Europäer zur Expansionspolitik Israels, zur Verletzung des Völkerrechts, zur Missachtung der Menschenrechte, die unteilbar sind, niemals konsequent kompromisslos, sondern immer halbherzig und mit Einschränkungen verbunden.

Unterstrichen hat Europa seine Ohnmacht im Nahen Osten auch im Syrienkrieg. Eine der Ursachen für diesen Konflikt liegt im Überfall der »Koalition der Willigen« unter Führung der USA auf den Irak. Nach dessen offenkundigem Scheitern, nach Erstarkung der islamistischen Bewegung im sogenannten Islamischen Staat, dem fehlenden Engagement der USA und Europas, hat man Russland das Feld des Handelns überlassen. Mit klammheimlicher Freude füllte Russland das Vakuum aus. Wie Präsident Putin, ausgerechnet bei einem Besuch in Saudi-Arabien formulierte, will Russland die Probleme der Region »geostrategisch koordinieren«, anders ausgedrückt, den Westen schwächen und Russland stärken. Aus heutiger Sicht wird im Nahen Osten ohne Russland kein Problem mehr zu lösen sein.

Was tun?

In seiner berühmten Züricher Rede vom September 1946 hat der vormalige britische Premierminister Winston Churchill (1874–1965) die Tragödie Europas beschrieben. Er würdigte die Leistungen unseres Kontinents in Kultur, Philosophie und Wissenschaft und mahnte das gemeinsame Erbe an, das möglichst auch gemeinsam verwaltet werden sollte. Er sprach von der »geängstigten Menge geschundener, hungriger, sorgenvoller und bestürzter Menschen, den Ruinen ihrer Städte und Wohnungen.«

Sein Credo, das wie ein Wunder die ganze Szene verwandeln sollte, hieß: »Wir müssen eine Art Vereinigte Staaten von Europa schaffen. Nur dann können viele hundert Millionen arbeitender Menschen sich wieder den einfachen Freuden und Hoffnungen hingeben, die das Leben lebenswert machen. Der Weg dorthin ist einfach. Es ist nichts weiter nötig, als das hunderte von Millionen Männer und Frauen Recht statt Unrecht tun und Segen statt Fluch dafür ernten.«

Als ersten Schritt schlug er die Aussöhnung zwischen Frankreich und Deutschland vor. »Es muss ›einen segensreichen Akt des Vergessens‹ geben, wie es Gladstone [vormaliger britischer Premierminister] vor viele Jahren nannte. Wir müssen alle den Schrecken der Vergangenheit den Rücken kehren. Wir müssen in die Zukunft blicken. Wir können es uns nicht leisten, den Hass und die Rachegefühle, die aus dem Unrecht der Vergangenheit entstanden sind, durch die kommenden Jahre mitzuschleppen. Wenn Europa vor unermesslichem Elend, ja vor dem endgültigen Verderben bewahrt werden soll, dann ist ein Akt des Glaubens an die europäische Familie und ein Akt des Vergessens, was die Verbrechen und Torheiten der Vergangenheit angeht.«

Es ist ein interessantes Gedankenexperiment, die Rede Churchills umzuschreiben, Europa durch Nahost, Frankreich und Deutschland durch Israel und Palästina sowie einige spezifisch europäische Bezüge durch nahöstliche auszutauschen. Herauskommen würde eine Vision, in der die Völker des Nahen Ostens von Krieg, Unterdrückung, Existenzangst und Hass befreit wären. Nur einer könnte eine solche Rede halten: der neue amerikanische Präsident Joe Biden.

Die immer wieder erhobenen Maximalforderungen radikaler islamischer Kräfte, Israel sein Existenzrecht abzusprechen, einerseits und andererseits Vorherrschaft, Kolonisation, Besetzung und Landnahme durch die Israelis als legitim zu rechtfertigen, sind zwei Extrempositionen, die weder miteinander vereinbar noch legitim sind.

Welche Voraussetzungen und welches Umdenken sind notwendig, um solche Einstellungen aufgeben zu können?

Für Israel sind sein Existenzrecht und sichere Grenzen nicht verhandelbar. Für die Palästinenser ist die Gründung eines eigenen Staates mit Ost-Jerusalem als Hauptstadt ebenso wenig verhandelbar.

Da Israel aus einer Position der Stärke in solche Verhandlungen ginge, kann man auch von Israel eine gewisse Vorleistung erwarten. Optimal wäre es, um die Verhandlungen anzustoßen und die Ernsthaftigkeit Israels zu untermauern, wenn Israel die UN-Resolutionen 242 von 1967 erfüllen und die besetzten Gebiete räumen würde. Als Gegenleistung würde Israel nicht nur Vertrauen in der arabischen Welt gewinnen, sondern hätte auch die Weltmeinung auf seiner Seite. Die unabdingbare Voraussetzung, um ernsthafte Friedensverhandlungen in Gang zu setzen, ist aber die Abkehr von dem Vorhaben, die demokratisch gewählte Hamas eliminieren zu wollen.

Ohne eine Durchbrechung des Teufelskreises von tiefsitzendem Misstrauen, Hass, Wut und Freund-Feind-Denken können die gefühlsmäßigen Hindernisse und psychotraumatischen Barrieren nicht überwunden werden. In einer veränderten Atmosphäre gegenseitiger Achtung könnte wahrscheinlich rasch mit der Friedenssuche begonnen werden. Sollte sich wider Erwarten herausstellen, dass ferngesteuerte palästinensische Kräfte den guten Willen Israels nicht honorieren, dann wäre die Schuld offenkundig und die arabische sowie die übrige Welt müssten Druck auf die Hamas ausüben.

Wenn Frieden auf Grund der Zwei-Staaten-Lösung erreicht ist, muss über die Zukunft der gesamten Nahostregion nachgedacht werden. Der Weg wäre frei für die Umsetzung des saudi-arabischen Angebots von 2002. Als Gegenleistung für den Rückzug der Israelis hinter die Grenzen vor dem Sechs-Tage-Krieg von 1967 würde Israel von allen arabischen Staaten anerkannt. Da Israel widerrechtliche Tatsachen geschaffen hat, wird dies die größte Hürde für die Einleitung von Verhandlungen sein.

Nach meiner Auffassung liegt die Beherrschung des Konflikts in einer Zwei-Staaten-Lösung mit der Tendenz zu einer zukünftigen israelisch-palästinensischen Konföderation, was die Landnahme Israels entschärfen würde. Dies würde endgültig den Krieg zwischen beiden Völkern ausschließen.

Als zusätzlichen langfristigen Stabilitätsanker könnten sich Israel, Palästina, Ägypten, Jordanien, der Libanon und Syrien mit zusammen rund 120 Millionen Menschen zu einer Nahost-Union zusammenschließen – ökonomisch, politisch und sicherheitspolitisch. Die USA, die Europäische Union, die Arabische Liga und Russland könnten als Garantiemächte Geburtshelfer sein und die neue Union ökonomisch absichern. Darüber hinaus könnte die Europäische Union eine enge privilegierte Partnerschaft anbieten.

Es gibt keine verantwortliche Alternative zu einer israelisch-palästinensischen Aussöhnung, zu einer – im Sinne des Islam – Koexistenz mit Ungläubigen.

[Mai 2023]

Nachtrag

Interview im »stern«

1. Was läuft gerade falsch, sodass immer mehr große Nationen in die Hände von Autokraten fallen?

Die Demokratie ist weltweit unter Druck. Die »Intelligence Unit« des britischen »Economist« kommt in einer Studie von 2024 zu dem Ergebnis, dass der Zustand alarmierend ist. Nach ihrem »Demokratie-Index« mit Kategorien von 1 bis 10 Punkten leben nur noch 26 von 167 untersuchten Staaten in einer »vollständigen Demokratie«.

In »mängelbehafteten« Demokratien leben weitere 37,6 Prozent der Weltbevölkerung, zum Beispiel Indien mit seinem nationalistischen Hinduismus. Menschen in 93 Staaten leben schon heute in unfreien, autokratischen Verhältnissen – Tendenz steigend. Die Attraktivität einer Autokratie ist vielfältig und komplex. Dazu gehören die Sehnsucht vieler Menschen nach starker politischer Führung, der Vertrauensverlust in die politischen Eliten, das Gefühl, es gehe in der Gesellschaft nicht gerecht zu, sowie der Glaube an die permanent verbreiteten Lügen und »Fake News«, die durch ständige Wiederholungen zu neuen Wahrheiten werden.

2. Welche Eigenschaften zeichnen Tyrannen der Moderne aus?

Die Charakteristik, die einen Tyrannen ausmacht, hat sich in der Geschichte nicht verändert. Der Harvard Literaturwissenschaftler und Pulitzer-Preisträger Stephen Greenblatt hat 2018 in seinem bemerkenswerten Buch »Der Tyrann: Shakespeares Machtkunde für das 21. Jahrhundert« meisterhaft herausgearbeitet, dass solche Typen an jedem Ort und zu jeder Zeit zuschlagen können. Am Beispiel von William Shakespeares Richard III. weist er nach, wie verblüffend ähnlich sich der Tyrann des 15. und des 21. Jahrhundert sind. Greenblatts Analyse ist eine Warnung und ein Merkbuch an alle, die sich nicht verführen lassen wollen. Richard III. und Donald Trump sind durch gleiche Wesenszüge geprägt: durch grenzenlose Selbstliebe, durch das Brechen von Gesetzen, durch das zwanghafte Bedürfnis, Überlegenheit zu spüren. Sie sind pathologische Narzissten und in höchstem Maße arrogant. Sie verfügen über eine groteske Anspruchshaltung und haben nie einen Zweifel daran, dass sie tun können, was sie wollen. Sie erwarten unbedingte Loyalität und haben keinen natürlichen Anstand, keine Vorstellung von Mitmenschlichkeit, kein Schamgefühl.

3. Was hat die freiheitsliebenden US-Bürger dazu gebracht, mit großer Mehrheit den Despoten Donald Trump zu wählen?
Das ist die Frage! Was bewegt mehr als die Hälfte der Amerikaner, einen „Faschisten" (Marc Miller), einen verurteilten Straftäter, einen Aufwiegler, das Kapitol zu stürmen, einen Unternehmer mit vier Insolvenzen zu wählen? Wahrscheinlich wissen die US-Amerikaner das selbst nicht. Wie tief muss diese Gesellschaft gesunken und gespalten sein, um das zu tun? Eine Antwort entzieht sich jeder rationalen, nachvollziehbaren Analyse. Zwar gibt es eine Reihe von Hinweisen, wie Abstiegssorgen der Mittelschicht, Zukunftsängste der Jugend, die Angst vor dem bedrohlich Fremden; es besteht ein Angstgemisch von unkontrolliertem Ausmaß. Nach meiner Ansicht ist vor allem der letzte Grund der ausschlaggebende für die Wahlentscheidung gewesen: Die Furcht vor allem, was fremd ist, ist tief verwurzelt in der menschlichen Psyche. Diese Angst hat Trump geradezu in skrupelloser Meisterschaft in Wählerstimmen umgewandelt.

4. Was wird in den kommenden vier Jahren in den USA passieren?

Die größte Gefahr, die von einer zweiten Präsidentschaft Trump ausgeht, ist die Rache, die er immer wieder beschworen hat. Die Rache, seine Gegner zu vernichten: »Wir versprechen Euch, dass wir die Kommunisten, die Marxisten, Faschisten und die radikalen Linken ausrotten werden, die wie Ungeziefer in unserem Land leben.«

In seiner ersten Präsidentschaft hatte er in seinem Umfeld noch aufrechte Demokraten. Betrachtet man dagegen jetzt die Zusammensetzung seines Gruselkabinetts, dann gewinnt man den Eindruck, es könnte ihm gelingen.

Die Ernennung von Matt Gaetz, dem rechtsextremsten Republikaner aus Florida und Verschwörungstheoretiker, zum Justizminister steht für die Zerstörung der Demokratie (es ist sein oft geäußerter Plan). Diese Institution ihrer Unabhängigkeit zu berauben und sie zum verlängerten Arm des Präsidenten zu machen, markiert den Beginn der Zerstörung. Gaetz wird mit dem Versuch beginnen, die ehrwürdige, älteste moderne Demokratie der Welt in eine Autokratie zu überführen. Es bleibt nur die Hoffnung, dass die fast 250 Jahre alten demokratischen Institutionen auch einem der gefährlichsten Despoten der amerikanischen Geschichte widerstehen.

5. Welche autokratische Gefahr droht der Demokratie in Europa und Deutschland?

Liest man den überschwenglichen Glückwunsch Viktor Orbáns an Donald Trump, dann hat man einen weiteren Beleg dafür, dass die Autokratie schon mitten in Europa angekommen ist. Autokraten aller Länder vereinigt euch.

Bei der Siegesfeier am 25. April 2010 verkündigte Viktor Orbán vor seinen Anhängern: »Ein Ordnung kann man nicht verändern, man kann sie nur umstürzen und eine neue errichten«.

Schritt für Schritt hat Orbán sein Vorhaben umgesetzt: er hat Ungarn zentralisiert; die Medien kontrolliert; den angeblich illoyalen Beamtenapparat gesäubert; die Verfassung nach belieben angepasst, so sichern schon 40 Prozent Wahlergebnis eine Zweidrittelmehrheit im Parlament; Gerichte und Staatsanwälte gleichgeschaltet; NGO′s drangsaliert, Minderheiten diffamiert; Sozialmaßnahmen und Arbeinehmerrechte eingeschränkt.

Diese Maßnahme sind wie eine Blaupause dafür, wie man eine liberale Demokratie zerstören kann.

Auch in Deutschland sind autokratische Tendenzen unverkennbar. Da wir aber wissen, wie eine Demokratie zerstört werden kann, wissen wir auch, wie es zu verhindern ist.

[November 2024]

Personenregister

Verwendete Literatur

Quellen

Bacon, Francis (1870), Ed. V. Elles et. al., seven Volumes, op. Cit. Novum Organum, scientiarum, Vol.1

Kant, Immanuel (1995), Werke in 6 Bde., op. Cit. Bd. 6, Streite der Faultäten, S 5-140

Marx, Karl/ Friedrich Egels, Manifest der Kommunistischen Partei, in: Marx, Karl/Friedrich Engels Werke, hrsg v. Institut für Marxismus-Leninismus, Berlin 1972, Bd. 4, S. 459-493

Shakespeare, William (1981), Die grossen Dramen, 10 Bde. Frankfurt a. M., op. Cit. Bd. 4, Richard II., S.146

Schiller Werke in 14 Bdn. Hrsg. v. Philipp Witkop, Berlin o. J., op. Cit., Wilhelm Tell, Fünfter Aufzug. Erste Scene

Dokumente und Nachschlagewerke

Auswärtiges Amt (Hrsg.) (1962), Europa-Dokumente zur Frage der Europäischen Einigung, Bonn

Der Grosse Ploetz – Die Enzyklopädie der Weltgeschichte, 35. Aufl., Freiburg 2008

Deutscher Bundestag, Wortprotokoll Putins vom 25. September 2001

Europa-Archiv, Folge 1975, D 437-D 484

Europa-Archiv, Folge 24 (1990, D 656-661)

Internationale Politik, 1995, S. 95-.124

Internationale Politik, 1997, S.76- 84

UNESCO-Erklärung von Mexiko 1982

Monographien

Adenauer, Konrad (1965), Erinnerungen 1945 – 1953, Stuttgart

Arendt, Hannah (1943/2018), Wir Flüchtlinge, 9. Aufl., Ditzingen

Balibar, Etienne (2016), Europa: Krise und Ende?, München

Baumann, Zygmunt (1998), Die Anst vor dem Fremden - Ein Essay über Migration und Panikmache, Berlin

Bien, G. (195), Gerechtigkeit bei Aristoteles, Nikomachische Ethik, insbes. Buch 5

Bloch, Ernst (1967), Experiment Mundi, Frankfurt a. M.

Boehm, Omri (2023), Israel – Eine Utopie, Berlin

Böttcher, Winfried (2021), Europa 2020 – Von der Krise zur Utopie, Baden-Baden

Böttcher, Winfried (2023), Russland – Die Ukraine – Der Westen, 4. Aufl., Norderstedt

Böttcher, Winfried (2023), Europas Zukunft – Eine europäische Republik der vereinten Regionen, Norderstedt

Craig, Gordon/Alexander L. George (1984); Zwischen Krieg und Frieden – Konfliktlösung in Geschichte und Gegenwart, Baden-Baden

Giddens, Anthony (1995), Konsequenzen der Moderne, Frankfurt am Main.

Greenblatt, Stephen (2021), Der Tyrann: Shakespeares Machtstruktur für das 21.Jahrhundert, München

Hardoon, D./J. Slaker (2015) Inaquality and the End of Extreme Poverty, Oxford

Lewis, Sinclai (1935/2020), Das ist bei uns nicht möglich, Berlin

Lützler, Paul Michael (1992), Die Schriftstellerr und Europa. Von der Romantik bis zur Gegenwart, München/Zürich

Lytard, Jean-Francois (1986), Das postmoderne Wissen, Frankfurt a. M.

Megrew, Anthony (2008), Globalization and global Politics, in: John Baylis a.o.

Monnet, Jean (1978), Erinnerungen eines Europäers, München/Wien

Musil, Robert (1930/§§/2013) Der Mann ohne Eigenschaften, Köln

Rawl, John (1982), Eine Theorie der Gerechtigkeit, Frankfurt a. M.

Sassen, Saskia (2008), Das Paradox des Nationalen, Frankfurt a. M.

Talbott, Strobe (2002), The Rusian Hand, New York

Ziegler, Jean (2020), Die Schande Europas – Von Flüchtlingen und Menschenrechten

Sammelbände, Zeitschriften, Presse

Sammelbände

Böttcher, Winfried (Hrsg,) (2014), Klassiker des europäischen Denkens – Friedens- und Europavorstellugen aus 700 Jahren europäischer Kulturgeschichte, Baden-Baden

Renan, Ernest (1882), was ist eine Nation?, in:Nichts als der Mensch – Beobachtungen und Spekulationen aus 2500 Jahren, Berlin

Zeitschriften

Beck, Ulrich/Dirk Lange (2005), Glöbalisierung und politische Bildung, in: Praxis Politik, 1.Jg. H.1, S. 6-11

Böttcher, Winfried (2023), Zur Flüchtlingskrise, in: Gesellschaft – Wirtschaft – Politik, Jg.72, H. 4, S. 395-403

Srenberger, Dolf (1980), Komponenten der Geistigen Gestalt Europas, In: Merkur, 24.Jg.

Presse

Asseuer, Thomas (2002), Wer hat Angst von der Ur+topie?, in: Die Zeit, Nr. 50, S. 43

Weiner, Tim/Barbara Crocette (2005), George Kennan dies 101, Leading Strategist of Cold War, New York Times, March 18th

FAZ, 24.2,2022

FR, 9.6.1982

Spiegel-Online 7.10.2022/ 5.10.2023/ 15.10.2023

Die Zeit, 18.12.2019

Bücher und Zeitschriften

WB (Hrsg.) Klassiker des europäischen Denkens – Friedens und Europavorstellungen aus 700 Jahren europäischer Kulturgeschichte, Baden-Baden 2014

WB (Hrsg.) Die »neuordner« Europas beim Wiener Kogress 1814/1815, Baden-Baden 2017

WB (Hrsg.) Europas vergessene Visionäre –Eine Rückbesinnung in Zeiten akuter Krisen, Baden-Baden 2019

WB Europa 2020 – Von der Krise zur Utopie, Baden-Baden 2021

WB Russland – Die Ukraine Der Westen, Norderstedt 2022

WB Europas Zukunft – Eine europäische Republik der vereinten Regionen, Norderstedt 2023

WB Europas Zukunft – Eine konkrete Utopie (Ein Vortrag), Norderstedt 2024

WB Garantiebestimmungen – Könnten die Vereinten Nationen eine Friedensvereinbarung zwischen Russland un der Ukraine sichern? in: Der Hauptstadtbrief, 8. Mai 2022

WB Zur Flüchtlingskrise in: GWP, 4/2023, S. 395-403

Das Krisenjahrzehnt

2014 – 2024

1. Auflage,
erschienen im November 2024

© 2024 Winfried Böttcher

ISBN: 978-3-7693-1552-3

Text: Dr. Winfried Böttcher
Satz und Umschlaggestaltung: Uwe Schaffmeister

Verlag: BoD · Books on Demand GmbH, In de Tarpen 42,
22848 Norderstedt
Druck: Libri Plureos GmbH, Friedensallee 273,
22763 Hamburg